情商高就是懂得好好说话

张笑恒◎著

江西教育出版社
JIANGXI EDUCATION PUBLISHING HOUSE

图书在版编目（ＣＩＰ）数据

情商高就是懂得好好说话 / 张笑恒著 . -- 南昌 ：
江西教育出版社，2017.7

ISBN 978-7-5392-9477-3

Ⅰ．①情… Ⅱ．①张… Ⅲ．①口才学－通俗读物
Ⅳ．① H019-49

中国版本图书馆 CIP 数据核字 (2017) 第 092492 号

情商高就是懂得好好说话

QINGSHANGGAOJIUSHIDONGDEHAOHAOSHUOHUA

张笑恒　著

江西教育出版社出版

（南昌市抚河北路 291 号　邮编：330008）

各地新华书店经销

三河市金元印装有限公司印刷

720mm×1000mm　16 开本　15 印张　字数 220 千字

2017 年 7 月第 1 版　2018 年 12 月第 5 次印刷

ISBN 978-7-5392-9477-3

定价：38.00 元

赣教版图书如有印制质量问题，请向我社调换　　电话：0791-86710427

投稿邮箱：JXJYCBS@163.com　　电话：0791-86705643

网址：http://www.jxeph.com

赣版权登字 -02-2017-382

在西方国家，有人把"口才、美元、电脑"称为立足世界的三大战略武器。而口才居三大武器之首，足见其社会作用已被推到惊人的高度。工作和生活中，我们天天都在说话，但不见得人人都会说话。良好的口才是维系人际关系的纽带，也是决定一个人事业高度的关键因素。

在生活中，常常会遇到这样一些人：他们总是喜欢给别人泼冷水，或鸡蛋里挑骨头吹毛求疵，提一些毫无趣味、毫无建设性的意见，然后貌似很"耿直"地说一句："我这人说话很直，你千万别往心里去。"但你以为只要来一句"我很直"就可以为自己的低情商开脱了吗？难道，那些情商高的人都是"不耿直"的？对这样的人，相信许多人都会心生不悦！

那些时常管不住自己嘴巴的情商低的人，说话不过大脑，想什么说什么，在人际交往中通常会处处受挫。试想一下，在交际应酬场合，你却不假思索，连连说错话，又怎么让别人对你产生好感呢？如果你劝慰别人，明明是出于好意，说出来却碰了对方"雷区"，别人怎么会感激你呢？如

果你有求于人，却不懂委婉的艺术，又怎么能说服别人心甘情愿地帮你呢？如果你深爱你的另一半，却不会说甜言蜜语，只会说冷言冷语，怎能享受甜蜜的爱情呢？

其实在我们的生活中，有很多人并不是败在能力上，而是败在了说话上。多数人都认为，说话还不容易吗？除了口不能言的人，人人都会说话。但实际上，说话并不是简单的张张嘴、动动舌头。生活中，我们也常常因为讲话不得法而惹人生气，让人误解，造成尴尬，产生纠纷，失去面子，甚至丢掉项目、错失机遇等。

美国成功学大师戴尔·卡耐基曾说："当今社会，一个人的成功，仅有一小部分取决于专业知识，而大部分取决于口才的艺术。"会说话最强大！有时候一张嘴，就决定了成败。一个大单子、一场必胜的商战、一次完美的谈判、一份良好的人脉、一段美好的感情，都需要我们用说话来维持。古往今来，语言一直都充满着独特的魅力和无穷的力量，可以化干戈为玉帛，可以四两拨千斤，可谓三寸之舌强于百万之师。

仔细观察一下身边的人，我们也许可以见到，我们的一些同事或者朋友，当他们遇到急事，说话就会变得磕磕绊绊，语无伦次，结果越急越表述不清；他们越是在讲述一件重大的事情时，越是找不到合适的词语，结

果话讲了一大堆，倾听的人却还在云里雾里转悠。

也许还有些人总是喜欢做"事前诸葛亮"，单凭自己的预测就乱下结论。结果一旦事情的发展出乎他的意料，就会给别人留下话柄，以致影响人际关系；或者总是喜欢在外人面前夸大自己的能力，虽然他们明明知道自己不能胜任，但还是乱许诺言，结果做不到，只会逐渐失去别人的信任；还有些人生性敦厚、古道热肠，只要有人请求自己，不管自己能否胜任，都一律说"是"，结果不仅让自己疲于奔命，而且当自己尽力对方却未能如愿的时候，也许还会落得对方埋怨……

归根结底，引发这些麻烦的原因都是不会说话，从某种意义上说，一个人能否有所成就，在很大程度上取决于他的口才。说话的重要性显而易见，它也体现了一个人内在的全部的品格、修养、才学和城府。所以，说话是一门艺术，掌握了这门艺术，就能营造和谐的人际关系，握住成功之手！

在现实中，没有哪一个人生下来就能言善辩，《智慧书》中就有这样一句话："没有一个人类的活动像说话一样需要小心翼翼，因为没有一种活动比说话更频繁、更普通了，甚至我们的成败输赢都取决于说的话。"说话是一门技巧，也是一门艺术，更是一门攻心的学问。让自己成为一个

说话高手，需要经过不断的学习和磨炼，才能变得炉火纯青、登峰造极。因此，想要成为高情商的说话高手，我们需要多注意学习一些说话的方法，掌握一些说话的技巧，日积月累，你也同样可以成为说话高手。

　　本书通过贴近生活的案例和精练的论述，使读者认识到会说话的重要性，如何做一个高情商的口才高手，以及如何才能让自己更会说话，如何才能迅速练就"三寸不烂之舌"，力求让读者在富有趣味的阅读中领悟语言的智慧与力量。

　　本书从人们生活的常见方面出发，讲述了如何与不同的人说话，如何在不同场景下说话，能够让您掌握得体的说话技巧和分寸，全面、生动地学习高超的口才艺术，用语言做钥匙，让不善言辞者掌握一定的沟通技巧，能在恰当的时机，对恰当的人，说出恰当的话，以应付不同情景下的语言沟通。让能说会道者，全面地考虑说话的场合、对象、目的，有选择性地说，在人际应酬中更加游刃有余，得心应手。

目录

第三章

说服的话，情商高的人懂得攻心地说

第四章

禁忌的话，多拐几个弯再说

第五章

求人的话，带着感情和利益去说

第六章
反驳的话，情商高的人会迂回着说

第七章
没把握的话，要慎重地说

第十一章
取悦上司的话，情商高的人会给面子地说

第十二章
搞定客户的话，抓住对方心理是关键

第十三章
求职的话，情商高的人会给自己加分地说

第一章

场面话，情商高的人会顾及面子来说

常言道："看破不说破。"对于身边人做出的不妥之事，有时我们会一眼看破其本质，但是碍于对象、场合和时机，并不合适说破，否则，既容易让人下不了台，又可能伤了情分。人际交往中藏着多少客套话，我们也不能挨个儿去拆穿，我们要想维系良好的人际关系，必须要懂得不揭穿的道理。

1. 情商高的人不会急着揭穿对方的谎言

在戏剧舞台上有一句行话叫"拆台"，意思就是当众把对方拆穿。生活中也常有这样的情况，在一个人说完话后，有人站起来揭穿他，搞得他下不来台。这种揭穿对方谎言的做法存在于我们的工作、生活中，我们从小就被教育要正直诚实，那么面对身边人的谎言，要不要直接去揭穿？

我们在生活中经常可以看到有人吹牛，比如老同学聚会、公司聚会，往往有人高谈阔论，自己跟某某名人认识这样的话，有时候一听就知道是子虚乌有的事情。可是我们不能在如此重要的场合下揭穿对方，一则聚会中的吹牛无伤大雅，二则被揭穿的人会极为尴尬，颜面扫地，甚至跟你决裂，而别人也不会认为你很正直，而是觉得以后要提防你。

有的人在揭穿一个谎言时，就会产生成就感，于是在大庭广众之下总喜欢体验这种成就感。这就是低情商的表现，久而久之众人就会远离你，因为谁都担心你的嘴巴里说出什么破坏人际关系的话，让彼此都不愉快。

常言道："看破不说破。"对于身边人做出的不妥之事，有时我们会一眼看破其本质，但是碍于对象、场合和时机，并不合适说破，否则，既容易让人下不了台，又可能伤了情分。人际交往中藏着多少客套话，我们也不能挨个去拆穿，我们要想维系良好的人际关系，必须要懂得不揭穿的道理。

有些谎言只是人生路上的插曲，是生活的点缀，如果你拆穿它，它将是一个再次流血的伤疤。有些谎言就是人身的弱点、缺点，你如果使劲去戳，结果是既伤害了别人，又让自己懊悔不已。法国哲学家卢梭曾说："为自身利益撒谎，那是欺骗；为他人利益撒谎，那是诈骗；为了陷害而撒谎，那是造谣中伤；诸如此类都是最坏的撒谎，而对自身和他人都无害亦无利的撒谎，那不算撒谎。那只是虚构而不是撒谎。"

高情商的人懂得在乎别人的面子，从来不会"成全自己、牺牲别人"，他们从来不会随便拆台。当有人撒了一些无关紧要的小谎，或是为了自己的面子，或是为了自己的利益，我们当没看见就好了，不要跟任何人谈起，也不要跟当事人说"我知道你撒谎了"这样的话，避免造成当事人的尴尬。

有的谎言并不低劣，有的揭穿别人谎言的目的并不高尚，人成熟的标志之一就是能够容忍适当的谎话。不揭穿他人的谎言，是礼貌的而且是优雅的。无伤大雅的小谎言，笑一笑过去了就算了。

还有的时候，当别人做出一些不好的事情，我们也不一定非要去"揭穿"对方，完全可以通过技巧来提示对方，让对方在心里明白即可。

在一次足球比赛中，著名球星罗本个人攻击欲望极强，死活都不愿意给队友传球。可是事与愿违，罗本越不传球就越进不了球，白白浪费了许多进球的机会，队友在很多空当中无功而返，最终输掉了比赛。在随后的发布会上，记者便问球队教练如何评价罗本的表现，教练想了想说道："足球是一个团体运动，输赢不在于哪一个人，而是整个团队，所以今天的失败不是哪一个人的。我只想说的是，火箭上天，靠的就是整个航天团队的协调动作，如果有人只顾自己单独冒进，那么，火箭是不可能顺利完成升天任务的。"

罗本听了这一席话后，觉得非常惭愧，跟教练和队友道歉，改变了自己的球风，开始积极与队友配合了。

教练的做法便是"看破不说破"，给自己的当家球星留面子，又给了其他队员一个交代。在这种情况下，如果指责大牌球星踢球太"独"，那么很容易激化球队中的矛盾，用这种方式就很体面地使罗本认识到错误，并且进行了改正。

人生不需要"揭穿"，管好自己比什么都重要；人际交往中也不需要我们的心直口快，对别人的谎言，看在眼里就好，说出来往往会惹得双方都不痛快。

2. 当众提出忠告是揭短，私下提出忠告是规劝

有一种人心直口快，想说什么就说什么，看到有人出错了就会立即当面指出来，并告诉对方要如何改正。从某种程度上来说，这种为人一丝不苟的态度是值得称赞的，但是这种做法很容易让对方没面子，影响彼此的关系。

戴尔·卡耐基曾经参加一次宴会。宴席中，坐在卡耐基旁边的一位先生讲了一段幽默笑话，并引用了一句话，该先生说："嘿，这句话出自《圣经》，我早已经烂熟于心。"

但是卡耐基知道这位先生说错了，这句话应该出自《哈姆雷特》。卡耐基于是好心提醒他，那位先生却好像被踩了尾巴一样叫道："什么？你说它出自莎士比亚？那不可能！我告诉你，我每天都阅读《圣经》，怎么可能出现这种错误？"卡耐基也有点倔强，就跟这位先生争论了几句，两人各执己见，只好去找一位大学教授评判，这位大学教师研究莎士比亚的著作已经几十年了。这位教授说道："这位先生说得没错，《圣经》里有

这句话。"

卡耐基感到很不可思议，他日后私下里找到那位教授，向教授表示质疑，教授解释道："这句话出自《哈姆雷特》第五幕第二场。可是我亲爱的朋友，我们是宴会上的客人，为什么要证明他错了？那样会使他喜欢你吗？为什么不给他留点面子？他并没问你意见啊！他不需要你的意见，你为什么要跟他抬杠？应该永远避免当面指出别人的错误。"

卡耐基听后陷入了深思，这件事后来被卡耐基写进了自己的畅销书里。

卡耐基作为高情商的代表人物，很多高情商的行为都被他挖掘出来，上面案例中不当面指出别人错误也是一种高情商行为。指出别人的错误能够帮助对方进步，但是指出错误的方式非常值得注意：切忌在大庭广众之下。有的人不仅喜欢指出别人的错误，还总喜欢在众人面前给出忠告。每个人都有自尊心，被当众揭短就已经很下不来台了，又要被人用忠告"教训"，这很容易让对方以为是故意让他出洋相。

卡耐基曾经说过："一百次中有九十九次，没有人会责怪自己任何事，不论他错得多么离谱。我们用批评和指责的方式，并不能使别人产生永久的改变，反而会引起愤恨。不要责怪别人，要试着了解他们，试着明白他们为什么会那么做，这比批评更有益处，也更有意义得多。"

人们常说："凡事不能太较真。一件事情是否该较真，这要视场合而定。"其实，人人都爱惜自己的面子，当面指责他人，无论是谁听了，心里都不会痛快。因此，要想让彼此之间的交往和沟通更加顺利，就要懂得学会顾及他人的面子。

当众指出别人的错误并给出忠告就是一种不礼貌的行为，很伤对方的自尊，尤其有些人揭人家短的时候，还要表现出自己有多大能耐似的。这样的做法更加损害两个人的关系，从交友礼节上，这种做法也是很不礼貌的。

无论是谁被当众指出错误，面子上都挂不住，高情商的人不会主动把别人置于一个尴尬、出洋相的环境，更不会为了显示自己的长处而去揭露别人的短处。随意指责别人，随意给人忠告，甚至可以说是没有修养的表现。

对人提出忠告的时候，应该抱着体谅的心情。对方诚然在某些方面做得不对，但是他可能有难言的苦衷。所以在提出忠告的时候，还要体谅别人的难处，不要一味地强求或大加责难。必要的时候要深入对方的内心，帮助对方彻底地解决"心病"。在当事人感情冲动的时候不适合提出忠告，因为在他冲动的时候，理智起不到半点作用，他也判断不清你的用意。这时提出忠告，不仅不能解决问题，反而会火上浇油。

这种当面指责他人所犯过失的举动，会引发对方强烈的反抗情绪。对方与你发生一番争执时，就真正使彼此的关系进入僵局了。如果当时我们能够随时意识到他人的自尊和价值，照顾到他人的面子，彼此之间的关系也就不会破裂。

人际关系是相互的，你尊重别人，别人也尊重你；你仇视别人，别人也不会喜欢你。如果你总是喜欢当面指责他人，那么换来的会是更多的敌意和批评，而用理解和尊重的方式，换来的会是更多的宽容和敬意。

比尔·盖茨也有一句名言："我说出别人的不对时，一般在场的只有两个人。"正所谓"当众提出忠告是揭短，私下提出忠告是规劝"，只有两个人的私下劝告，对方往往会感谢我们，感谢我们帮助他改正错误，双方的情谊还可以更深。

俗话说，"打人不打脸，骂人不揭短。"当别人出现错误，我们挑出来，目的是帮助别人认识到错误并加以改正。但是，要把握时机和场合，让犯错的人心悦诚服地接受才是目的。我们在为他人挑错时，切记不要让人家下不了台面。

3. 给尴尬中的人一个台阶下

生活中，难免有人遭遇尴尬的情况，高情商的人面对此场景不会发笑，更不会坐视旁观，会巧妙地帮助对方把尴尬化解，用语言或者行动给对方一个台阶下，对方常常会报以一个感激的眼神。

二战时有这样的一个故事：

一次，德国柏林空军军官俱乐部举行盛宴，为空袭英国凯旋的飞行员庆功，一名年轻的服务人员被派去给空战中的英雄斟酒。可能是过于紧张，这名服务员竟将酒不小心淋到查尔斯将军的头上了。查尔斯将军是一个秃顶，红红的葡萄酒洒在光光的头上显得极为突兀，这时大家都怔住了，屏住呼吸注视着查尔斯将军和旁边呆若木鸡的服务员。

只见查尔斯将军用旁边的餐巾抹了抹头，然后哈哈大笑，站起来幽默地对那名闯了祸的服务员说："小伙子，你以为把酒灌溉我的头上就能长出头发了吗？"全场的紧张气氛被这句话一扫而光，大家的注意力又回到了宴会上面。事后查尔斯将军也并没有为难那名服务员。

给处在尴尬中的人一个台阶下，既能显示出我们的幽默，也能帮助对方脱离尴尬的境地。这种机智的做法往往会得到受帮助的人万分感激，所以高情商的人人缘很好，他们能展现出自己良好的修养，以及帮助身边人变得更好的态度。

帮助别人化解尴尬是一种有智慧的美德。曾任墨西哥总统的胡亚雷斯，有一次去某地视察，住在宾馆里，因为不想搞特殊，就跟下属换了房间睡。胡亚雷斯早晨起来出门去洗漱，他请守在总统房间门口的服务员给他打点水，服务员却说自己要守在总统房间门口，随时准备为总统服务。等到吃早饭时，服务员看到胡亚雷斯和州长就餐，一下子不知所措。胡亚雷斯招呼她过去说："是我走错了房间，害你把我当成了我的下属。"

面对这样的尴尬，我们的原则就是能帮就帮，也不用我们做太多的事，说几句话，就可以化解别人的尴尬。其实给别人一个台阶下很简单，一句话就能够做到。比如有人在你面前跌倒，正当众人看着他笑话时，你说道："哟，这是刚来地球不适应引力吗？"这样一句玩笑话就把众人关注的重心转移到你这边，众人哈哈一笑，这次笑的是你的玩笑，而不再是笑那个人跌倒。在别人遭遇尴尬时，帮助对方化解一下，给一个台阶下，就是这么简单。大家也都能明白我们是一个会说话的聪明人，言语中总要照顾所有人的面子，让所有人都舒服。

意大利艺术家米开朗琪罗被公认为最伟大的作品，是他的大理石雕刻大卫像。各位可知道，当米开朗琪罗刚雕好大卫像时，主管官员跑去看，竟然不满意。

"有什么地方不对吗？"米开朗琪罗问。

"鼻子太大了！"那位官员说。

"是吗？"米开朗琪罗站在雕像前看了看，大叫一声："可不是吗？鼻子是大了一点，我马上改。"说着就拿起工具爬上架子，叮叮当当地修饰起来。随着米开朗琪罗的凿刀的舞动，掉下好多大理石粉，官员不得不躲开。

隔一会儿，米开朗琪罗修好了，爬下架子，请那位官员再去检查："您看，现在可以了吧？"

官员看了看，高兴地说："是啊！好极了！这样才对啊！"

送走了官员，米开朗琪罗先去洗手，为什么？因为他刚才只是偷偷抓了一块小大理石和一把石粉到上面做做样子，从头到尾，他根本没有改动原来的雕刻。

米开朗琪罗给了官员一个很好的台阶，在众人面前，他不能直言告诉官员："你对艺术一窍不通。"他也不能放弃自己对艺术的追求，去听一个不懂艺术的官员指点，他用这种巧妙的方式维护了官员的面子，更维护了自己的作品。这就是一种高情商的表现，经过语言运作，所有人都获得了满意。

苏联领导人戈尔巴乔夫带着夫人访问美国，他在闹市下车与行人握手问好。苏联的保安急忙下车，喝令在戈尔巴乔夫面前的美国人把手从口袋里拿出来，担心里面藏有武器。戈尔巴乔夫的夫人机智地说道："请你们把手拿出来跟我丈夫握握手吧。"气氛一下子变得热烈。

给别人一个台阶下，就是给自己一个台阶上。在别人遭遇尴尬为难的时候，我们施以帮助，那么当我们也遇到类似情况时，别人也会来帮助我们。高情商的人会让身边的人都很舒服，用机智的语言让尴尬迎刃而解。

4. 情商高的人，肯定总在否定前

美国得克萨斯大学教授乔纳森·考拉研究证实，如果对方的意见与自己的一致，人们一般就会认为对方的观点是正确的，这种现象称为"一致效果"。在"一致效果"的作用下，一个人很容易增强对对方的信任感。

所以高情商的人在反驳别人的时候，会先承认对方观点的合理性，会先肯定对方的观点，然后再说出自己的见解，而不是在对方还没说完话就打断，告诉对方他的观点是完全错误的，这样只会激起对方更强烈的反驳。

《非诚勿扰》让人们见识到了孟非看上去不紧不慢却拥有智慧的主持技巧。

有一次上来一位非常"另类"的男嘉宾，这位男嘉宾以"节俭"为荣，在介绍自己的时候说："我五年没有买过衣服，几乎每天都是馒头加咸菜，工资虽然不少，但是我是一个非常节俭的人，钱对我来说就是能不花就不花，我打算在北京攒一套房子钱，希望能有女嘉宾愿意跟我每天吃馒头、咸菜。"

这位男嘉宾的话立刻引起了女嘉宾的反感，纷纷说"这是过日子吗""太抠了"等话。男嘉宾越来越尴尬，孟非在一旁说道："我来说两句啊，男嘉宾，勤俭节约是我们中华民族的传统美德，你能有这样的想法真的不错，现在有这想法的人太少了，我们应该学习勤俭节约。"男嘉宾的脸色缓和了许多。

孟非又接着说："可是咱们得知道，生活不是一个火坑，不要觉得你在里面吃苦受罪有一天就能爬出来，我认为活好每一天才是最重要的，不能为了钱、房子就把自己当成机器一样工作，咱也别为了攒钱每天都不花钱买菜，这样对身体也不好，是不是？再说了，钱不是省出来的，该花的钱就得花，你每天都活得非常开心，让自己的女朋友也非常开心，这就是最好的生活了嘛。"听到这一席话，男嘉宾点了点头，表示自己的做法有些过了，台下一片掌声。

德国哲学家莱布尼茨说过："世界上没有两片完全相同的叶子。"同样的道理，世界上没有两个意见完全相同的人。很多时候，你可能对对方的意见并不认同，所以可能要跟对方进行一番讨论和争辩，如果想让这种争论在友好、和谐的氛围进行下去，而不是争论升级成吵架，那么就需要用"先肯定再否定"的技巧。

任何人都有获得尊重的需要，当我们和对方意见相左的时候，先顺着对方的意图，反而更容易达到自己的目的。暂且同意对方与自己不同甚至相反的意见，表示认同对方，无意间就会拉近自己和对方的心理距离，以利于更进一步的交流。在接下来的谈话过程中，可以创造合适的时机，再提出自己的观点，将对方说服。

比如，对方表示自己不喜欢吃某种食物，我们可以说："我也不太喜欢，不过尝试一下也没什么。"对方表示自己不喜欢某部电影，我们可以说："这部电影有很多的不足，挺多人都不喜欢的。"无论什么理由，反对都会扫对方的兴。"表示赞同"可以说是防止与别人关系恶化的"预防针"。因为，就常理而言，任何人一般都不愿意对反驳自己的人敞开心扉，甚至会反感或憎恨对方。相反，如果一个人的意见能很快被别人接受，别人自然就愿意敞开心扉接受他了。

天才都不是一日炼成的，即使是如黄家驹一样的乐坛大腕也有曲折的人生。黄家驹出生在香港一个劳工家庭，兄弟姐妹有 5 人，仅靠父亲一个小小的五金店，生活无以为继。所以，黄家驹初中毕业后没能继续求学，早早扛起了养家的责任。他做过文员，当过办公室助理，还进过保险公司做销售。

黄家驹在做保险推销员的时候就表现出了强大的高情商，他的业绩在同事中总是遥遥领先。于是，有很多同事向黄家驹取经。黄家驹说到了最重要的一点，就是要有耐心，先听客户说什么，然后站在客户的角度想问题。最重要的是先取得说话权，等谈得顺利后，再趁机插入自己的看法，引导客户听取自己的意见。

比如，经常有客户会说："我对保险不感兴趣！"很多销售人员就被客户的这句话拒之门外。但是黄家驹有自己的说话术，他会接着顾客的话说："您说得有道理，谁会对保险这种关于生、老、病、死这类躲都躲不及的事情有兴趣呢？我也没兴趣。"

这时，很多顾客往往会反问："既然你没兴趣，为什么要做这一行呢？"这就给了黄家驹一个表达自己的机会。之后，他便把保险对人的重要性娓娓道来："虽然咱们都对保险不感兴趣，但是生活中很多的事情我们无法预料……"

黄家驹说，"如果我从一开始就不同意顾客的观点，'你错了，保险很重要……'那么，顾客只会对我反感，必定不会给我继续说下去的机会。因此每次我都是先赞同他们的观点，然后再找机会推销我的产品。"

生活中，如果你能事先看透对方的想法，然后把它当成自己的意见提出来，那么在"一致效果"的作用下，对方对你的信赖感就会加强。

即使你再不认同对方的观念，想一口回绝对方，也要尊重别人的思考成果。人都是要面子的，如果你能顾全对方的颜面，把对方置于一个平等的地位，甚至让对方有一种被尊重的感觉，对方就能敞开心胸，接受不同的想法；否则对方可能会变得更加"顽固"。

5. 头衔虽然是无形的，却让人觉得很有面子

每个人都喜欢被恭维，越是高职位的人，就越是喜欢别人对自己的恭维，然而他们听惯了太多的拍马屁，所以恭维要于无形中体现，最好的办法就是称呼对方的职位头衔或者工作成就。

最简单的例子，在职场中有正副经理，高情商的人会把副经理的"副"去掉，称呼副经理为"李经理""王经理"，而不会称呼"李副经理"。每个人都希望得到他人的尊重，而人们通常比较看重自己业已取得的地位。对有头衔的人称呼他的头衔，就是对他莫大的尊重。直呼其名仅适用于关系密切的人之间。你若与有头衔的人关系非同一般，直呼其名会显得更亲

切，但若是在公众和社交场合，你还是称呼他的头衔会更得体。对于知识界人士，可以直接称呼其职称。但是，对于学位，除了博士外，其他学位，就不能作为称谓来用。

绝大多数领导，都想表现出自己"优越"于下属的地方，但他们不会把这些"优越"挂在嘴边，以免被人说成"王婆卖瓜，自卖自夸"，如果这种"优越"从你口中说出来，领导就会十分高兴，即使这种"优越"并不存在，也会博得领导的欢心。

《西游记》是一部充溢着人情世故的小说，其中许多情节都体现了对官场的讽刺。孙悟空最开始被封为"弼马温"，他当时并不知道这是一个很小的养马的官，乐呵呵地去上任；知道真相后大怒，要与天庭作对，孙悟空自封一个"齐天大圣"的称号，就是为了有面子。日后取经路上，妖怪中凡嘲笑孙悟空是"弼马温"的多半没有好下场，而有些精明的妖怪则尊称"齐天大圣"，孙悟空就很高兴。

古代有地位的人相见都报以尊称，多称呼对方姓名加官职，如称宋江为宋押司，称王羲之为王右军，就是因为王羲之曾官至右军将军，宋江的押司小官乃宋朝县衙内一个文书官职，即便如此，也要称宋押司。这种礼仪一直延续到今天，只不过变得比较隐性，有一些人并没有意识到这种称呼方式的重要性。

美国著名钢铁大王安德鲁·卡内基是个务实的人，常常不吝于将无形的头衔让给别人，而自己却从中真正获利。

一次，安德鲁·卡内基想和一个名叫佛里克的青年合作，卡内基提出合作成立一家煤炭公司的建议，还大度地表示，新公司的总价值是200万美元，佛里克的焦炭公司约值32.5万美元，其余160多万美元都由卡内基支付，而股份双方可以各得一半。

只出大约四分之一的资金，却能得一半股份，这是天下掉馅饼的好事，可是佛里克却犹豫了，因为如果公司以卡内基的名义运作的话，他是不乐意的。

卡内基看出他的心事，说："年轻人，新公司的名称是'佛里克焦炭公司'。"

成立一个以自己名字命名的公司，是最有面子的事情，佛里克再无疑问，于是爽快同意了。此后，佛里克成为卡内基的合作者。

安德鲁·卡内基认为，商人应当以求利为本，做生意根本不用考虑一时的虚名。想要达到自己的目的，不妨把美好的头衔和虚名送给别人，这样会让对方觉得很有面子，从而答应我们的要求和接受我们的建议。给别人面子，自己获得里子，送出虚名而求得实惠，实在聪明，双方各取所需，何乐而不为？

人际交往中还有一个礼仪原则，即叫大不叫小。有人是财务部副经理，也是董事会成员，那么就不要称呼对方副经理头衔，而要叫董事。这就是一种高情商的做法，尽管叫什么头衔都可以，但是你去叫对方的最高头衔，对方就会觉得很有面子，觉得你很尊重他，反过来他也会尊重你。

6. 实话实说，情商低的人才这么做

西方法庭上有一个"真话原则"，所有证人宣誓时必须保证所言是事实且为事实的全部。法庭讲究把实话说尽，是为了查清真相，还世间一个公道。可是我们的生活并不是法庭，并不需要秋毫毕现，说实话的人往往人缘不会太好。

舞蹈家邓肯是19世纪最富传奇色彩的人物之一，热情浪漫外加叛逆的个性，使她成为反对传统和传统舞蹈的前卫人物。她小时候更是纯真，常坦率得令人发窘。圣诞节，学校举行庆祝大会，老师一边分糖果、蛋糕，一边说着："看，圣诞老公公替你们带来什么礼物？"邓肯马上站起来，严肃地说："世界上根本没有圣诞老公公。"老师虽然很生气，但还是压住心中的怒火，改口说："圣诞老公公说，乖孩子才能得到糖果。""我才不稀罕糖果。"邓肯回答。老师勃然大怒，处罚邓肯坐到前面的地板上。

季羡林老人有一句特别著名的话："假话全不说，真话不全说。"一些喜欢诚实的人，喜欢实话实说，常常让人觉得太过莽直，锋芒毕露。但是，人无论处在何种地位，也无论是在哪种情况下，都喜欢听好话，喜欢受到别人的赞扬，不愿听到伤害自己的话。为人必须有锋芒也有魄力，在特定的场合显示一下自己的锋芒，是很有必要的，但是如果太过，不仅会刺伤别人，也会损伤自己。

有人穿着不得体的服装来上班，自以为得意地问你："我的衣服帅不帅？"实话实说告诉对方难看，就会把气氛搞得很尴尬，所以这样的实话要拐着弯说，比如："衣服挺好看的，但是搭配有点问题。"

真话不全说，是为了保存自身，就像辛弃疾的词："而今识尽愁滋味，欲说还休。"中国有句古话："良药苦口利于病，忠言逆耳利于行。"现实生活中，能够接受逆耳忠言的人并不多。实话听起来往往很刺耳，有时候对方也不是跟你寻求实话，不过是一种客套而已，你却当真地实话实说。

能够直言直语的人，自然是一个心机少、光明磊落的人，但是这样的说话风格却不容易得到大家的认可。虽然直言直语可以帮人辨别是非曲直，能够找到错误的根源，但是实话是一把双刃剑，伤人也伤己。虽然有些人说实话的出发点是好的，但是一些过于直白的话语很有可能会让当事人恼羞成怒。所以，我们一定要注意自己的说话方式，同一个意思要用更容易让别人接受的语言表达出来。

曹植是曹操的二儿子，自幼文思敏捷，学识过人，曹操非常喜爱他，曹操决心废掉世子曹丕，而立曹植。废除长子重立幼子在古代来说代表着政治局面的动荡，经常会引起动乱。所以大臣们总要据理力争，甚至用自己的生命去换取。但是主上的意思并不是谁都揣摩得到的，双方会闹得很僵。曹操也是这样，自己下了废长立幼的决心，就不管是谁说这件事，他也不去理会。

一天，曹操向贾诩问话，贾诩却一言不发。曹操再问，贾还是不答。这样一连问了好几遍后，曹操生气了，责问贾诩："你要造反还是聋了？"贾诩急忙回答："主公恕罪，刚才我正好考虑一个问题，所以没有立即回答。"

曹操追问："你在考虑什么？"贾诩答："没什么，就是想到了袁本初和刘景升。"曹操大笑，决心不再废长立幼。

原来，当年曹操能够灭掉袁绍，就是因为袁绍要废长立幼，结果导致几个儿子纷战不休，才给了曹操可乘之机。

高情商的人，总是能够委婉地表达自己的意思，即使是说耿直的实话，也能说得动听。在现实中经常会出现这样的情况，有人做了一件错事，你如果不说他，他可能会一直错下去。身为他的朋友，你有必要指出他的毛病所在，但是如果照实说的话，又可能会打击到他的积极性以及自尊。把尖锐的话语，用厚厚的一层糖包围起来，让他在高兴的同时又能感受到你的提醒，这样既能保住你们的关系，又能针对性地指出他的某些毛病，一举两得，何乐而不为呢？

7. 场面上，不要对亲密的人使用命令的口气

亲人、好朋友之间往往知无不言，有什么要求也都会跟对方说出来，可是在这一过程中，需要掌握语气的控制。有的人认为跟亲戚朋友都认识很多年了，彼此熟络不用见外，有什么要求就告诉对方去做了。

可是人与人交往最大的一个原则便是尊重，没有人帮助我们是理所当然的，使用命令的口气跟亲密的人说话，对方明面上可能不会表示什么，但是心里肯定不是滋味，发生次数多了，就容易伤到双方感情。

事实上，说话带着命令的口气是一种低情商的语言冷暴力，求人帮忙总是说："你把××事做了""快给我完成"等，这样说话并没有照顾到对方的感受。对亲密的人更应该使用尊重的词汇，这才能展现出一个与人交往的态度。

著名主持人蔡康永说话永远是智慧中带着温柔，他与小S相识多年，相交良久，常在节目中插科打诨，但是蔡康永在与小S沟通的时候始终是一种尊重的态度。蔡康永让小S帮忙时，他都会在后面加上"可以吗""好吗""方便吗"这样的疑问词柔化语气。蔡康永在跟任何人说话时，语调永远都是温文尔雅，态度平和，他会使用大量的礼貌用词，从来不会用命令的口气跟别人说话。

亲戚和朋友与我们感情深厚，相处起来也没有那么多约束，可是不要以为感情深厚就可以散漫地对待。在求人办事的时候，强行地把要求压在亲戚朋友的身上，亲戚朋友只会觉得你无理、霸道，还会对你们之间的感情产生怀疑。试问有谁愿意和一个只懂得命令自己的人交往呢？

毕竟是我们有求于人，而且我们发出的请求不是亲戚朋友应该去做的，

他们不是专属为我们而服务的，他们也有需要考虑的时候。如果你态度过于散漫，而且毫不忌讳地大大咧咧向他们"要求"帮助，那么他们自然就会对你产生厌恶感。

朋友、亲人之间也要用"请""谢谢"显示出你礼貌的素养，也更反映了你重视他们。正因为我尊重你，我才会使用请求的词汇。带着尊重的态度跟别人讲话很暖心，对方听了心里会觉得你是在替他着想，即便你是有事情麻烦他，他也会全力以赴帮忙的。

蔡康永说："懂得说谢谢，才懂得如何拿捏人情的轻重。"一句"可以吗"，就弱化了很多命令的口气，一句"谢谢"，就强调了我们的尊重。与我们关系亲密的人不是必须要为我们服务的，所以该有的礼貌绝对不能缺失。最起码说话要客气，态度要尊重，有的人可能不好意思开口，一方面感觉很为难，另一方面怕遭到拒绝，但是如果掌握了技巧，双方的交流就会变得容易很多。

还需要注意的就是，假若亲戚、朋友不能够给予自己帮助，自己也一定要知难而返，向对方表示感谢和理解。"这么点小事都不帮"的话说出口也会伤害感情。人和人交往时，双方都保持一个尊重、礼貌的态度，双方的关系才能长久维持下去。

对朋友随便，很容易伤害到对方，我们要遵循该有的礼仪，循序渐进，这样彼此之间才能相互理解，相互宽容，这样的友谊才能长久。对待朋友我们更要学会将心比心，说话的时候让对方看到自己的庄重礼貌和真心实意，对方才会心甘情愿地帮助你。

情商高的人有事求朋友的时候，都懂得"说话有尺度，交往讲分寸"的道理。不管我们即将请求面对的是谁，都要学会放低姿态，相互尊重。使用这种技巧能够把彼此的关系持续地保持下去，也能降低对方拒绝的概率，让事情变得更加容易解决。

第二章

应酬话，要富有谈资地说

人际交往是一门学问，两个不太相熟的人坐在一起，如何展开话题，话题聊尽后要如何展开新的话题，这都是非常讲究的。高情商的人往往会把这些场景处理得当，无论是跟一个多年未见的同学，还是刚认识的同事，都能够在最短时间内展开话题，也能够迅速找到双方相同的爱好和观点的异同。

1. 情商高的人，没有话题时会找话题

生活中常见这样的场景：朋友聚会，有人带来一个新朋友，相互自我介绍之后，大家都不知道接下来如何开口，只好各玩各的；或者公司新来一位同事，大家一起吃饭的时候，新同事一句话不说，你也不知道如何开口……

人际交往是一门学问，两个不太相熟的人坐在一起，如何展开话题，话题聊尽后要如何展开新的话题，这都是非常讲究的。高情商的人往往会把这些场景处理得当，无论是跟一个多年未见的同学，还是刚认识的同事，都能够在最短时间内展开话题，也能够迅速找到双方相同的爱好和观点的异同。

著名的《塔木德》一书中曾记载有这样一个故事：

有一名叫作吉瓦拉的犹太青年去见一位企业家，试图向其推销自己以获得一份工作。因为企业家见多识广，因此起初并没有将吉瓦拉的自我推荐放在眼中，两人没有交谈多久，企业家就陷入了沉默。看着对方微微皱起的眉头，吉瓦拉计上心来，赶紧转移话题。

吉瓦拉轻轻地说道："听说贵公司人才济济，尤其是像我这样的庸才能做什么还是未知数，所以与其冒险地用我，不如干脆拒绝我，是吗？"

吉瓦拉说到这里突然中断，只是淡定地看着企业家。在两人短暂沉默一分钟后，这位企业家终于开口了："你能将你的想法和未来计划告诉我

吗？"吉瓦拉赶紧回答道："噢，真是抱歉，刚才我太冒昧了，不过像我这样的人还值得一谈吗？"说完，吉瓦拉沉默了。企业家诚恳道："请不要客气。"

于是，吉瓦拉将自己的经历以及对未来的想法告诉了企业家，企业家听完他的话后，态度立刻就改变了。临走的时候，企业家通知吉瓦拉第二天正式上班。

如果吉瓦拉在直接推销自己不成功的时候不赶紧转换话题，怎么能转败为胜呢？

在与人交谈的过程中，难免会遇到话不投机，或者无话可说等导致的冷场。这样尴尬的局面相信很多人都遇到过。一般来说，冷场的主要原因大概有：彼此之间不大熟悉、跟异性单独相处的时候、身份地位差别较大、都是比较内向的人、有利害冲突的人、心境差别较大的……当你碰到这样的情况，该怎么展开话题呢？

冷场是交谈即将失败的征兆，如果在交谈的过程中出现冷场超过20秒还没有人对谈话进行补救的话，那么差不多也就是该说再见的时候了。一旦出现冷场，就不应该在之前的话题上做过多的纠缠。迅速转移话题，才是救场的关键。

如果实在找不到话题，可以"闲扯"，"闲扯"是与人交谈的重要组成部分。很多时候，一个人不善言谈，可能一时间想不到重要的事情，找不到合适的话题。

心理学家詹姆士说过："与人交谈时，若能做到思想放松、随随便便、没有顾虑、想到什么就说什么，那么谈话就能进行得相当热烈，气氛就会显得相当活跃。"

新上映的电影，附近新开的小店等都可以不让气氛冷场，主动找到大家感兴趣的话题，再次打开"话匣子"。

打破话题冷场的技巧有以下几点：

第一，主动询问。

当话题结束进入冷场时，我们可以主动询问对方问题，寻找对方感兴趣的话题。这里要注意，询问不代表刨根问底，年龄、收入、家庭情况一般不要询问，可以询问其所在行业，或者家乡特产等。

第二，主动迎合。

在聊天过程中，可以去试探、分析，了解对方大概是一个什么样的人，由此能够分析出对方大概对什么话题感兴趣，比如对方是一个穿着高级西装、彬彬有礼的商务人士，就可以跟对方聊聊股市、经济等话题；对方是一个作家，就与对方聊聊文学。

确保自己的话题对方能接下来。高情商的人从来不会说出一番不合时宜的话制造冷场，明明知道对方对某方面不感兴趣，就不要刻意去提了，要懂得自己说出的话让对方感兴趣。

第三，主动开口。

打破话题冷场的最关键在于你得能主动开口，去给出话题，很多人对此有顾虑，觉得自己跟一个不熟悉的人没什么好说的，或者沟通起来有障碍，便不会主动说话。其实当你主动开口后，聊上几句，往往就会获得双方共同的话题。

引出话题的关键在于提出一个大家都感兴趣的点，可以你来我往地交谈，这样才会越来越熟悉，这就需要掌握丰富的知识，并不需要你像专家一样精通，但也要"略懂"一点，这样就可以一秒钟跟各行各业的人找到共同的话题。

有人说："交谈中，要学会没话找话的本领。"找话题这项能力能让我们在人际交往中如鱼得水，能跟任何人聊到一起，增进彼此的感情，加深彼此的友谊。

2. 话题卡住了就换，不要恋战

估计很多人在谈话中都遇到过类似的情况：两人起初相谈甚欢，然而随着话题的深入，可能因为那么一两个问题不着调，对方的热情开始慢慢消减，最后变成了你一直在说，对方一直在听。最后，你自己也觉得说得乏味了，导致谈话氛围逐渐冷却。

实际上，交谈不仅仅只是双方毫无顾忌地聊天，更要学会察言观色。当聊到一些可能对对方不合适、不受对方欢迎的话题时，一定要注意避开。学会关注对方的心理变化，这样才能及时地切换话题，让交谈继续顺利地进行下去。

在与陌生人交谈的时候，因为起初并不知道对方的喜好，所以在谈话过程中我们一定要学会通过不断变换话题来吸引对方注意。

比如，在交谈时，如果对方跟你说话总是心不在焉，眼睛盯着别处看，这就表明对方不喜欢这个话题，或者对此话题不感兴趣。这时最明智的方法是转移话题，扩大话题圈子，然后挖掘出对方心中的喜好。

蔡康永在自己的书中写道："话题卡住了，就换话题，不要恋战。我知道有些话题你起了个头，是希望问出一个结果，或是要告诉对方某件事，但卡住了就是卡住了，暂且丢开就不会手忙脚乱，有机会再绕回来就可以了。"

对此，蔡康永还有一个生动的比喻："你看电影里的杀手，每次忽然发现手枪里的子弹卡住了，或者射完没子弹了，就会改用拳脚进攻，很少坚持拿着已经没有子弹的枪当武器去敲敌人的头。"

聊天就要"投其所好"，那些擅长说话的人往往都能够从对对方的言语、表情、手势、动作以及看似不经意的行为的细致观察中掌握对方的意图、了解对方的心思，并且尽量避免那些容易引起争论的问题，然后再根据对方的心理来组织自己的语言，适时地转换话题。

　　高情商的人懂得把话题引到对方感兴趣的地方。我们可以用顺水推舟的方法，比如正在聊一个话题，而对方明显表现出不想说话，这时就要顺着这个话题转移到另一个对方可能感兴趣的话题上。一旦发现对方情绪变得厌倦、冷淡时，在简单的致歉之后应该立即转移话题，越拖对现场氛围越不利，到最后越来越尴尬。事实上，很多人在准备和陌生人见面前，会主动了解对方的兴趣爱好，以便在聊天时主动引导话题。

　　美国著名总统西奥多·罗斯福，交友广泛，在任何圈子的宴席上都能够跟别人谈笑风生。一位熟悉他的作家写道："无论对方是一名牛仔还是一位骑兵，是纽约政客或外交官，罗斯福都知道该对他说什么话。"罗斯福是怎么办到的呢？

　　其实很简单。每当有人要来访，前一天晚上罗斯福会翻读这位客人特别感兴趣的相关资料。因为罗斯福知道：打动人心的最佳方式是跟他谈论他最感兴趣的事物。

　　实际上，谈论对方关心、感兴趣的事或物，是在无形中给对方以赞美和肯定，对方往往会在这些话题上跟你深入地探讨起来，无论是与人交往，还是商业谈判，这一方法总是很奏效。没有话题出现冷场时要主动寻找话题，但不能硬找，比如跟一个足球迷聊天，话题冷场时你主动提起篮球的话题，对方也不可能有所回应。

　　所以，转换话题时最好还是往对方感兴趣的方面靠，这样不用过多地试探，容易找到聊得来的话题。另外要注意，转移话题的时候要自然，不要太过生硬地从一个领域跨到另一个领域，应该表现得自然，让对方不觉得我们是刻意就好了。

3. 什么该说，什么不该说，情商高的人心中有数

说话要分场合、看对象，见什么人说什么话是人际交往中的一个准则。什么话该说，什么话不该说，其间的界限很微妙，有时候面对朋友，平时都知无不言，但是涉及朋友内心隐私的问题也不应该问。

另外，面对不同的对象，事业成功的领导、性格豪爽的同事，性格计较的女性朋友等等，面对这些人，在表达同样话题时，也要使用不同的表达方式。

美国石油大王洛克菲勒曾经有一位同事名叫理查德森，他既是洛克菲勒的合作者，也是他的下级。

有一次，理查德森独自负责一桩南美的生意。但非常不幸，这次他失败了，而且输得特别惨。理查德森这个人有强大的自尊心和好胜心，他自认为实在是没脸再见洛克菲勒了。然而董事会召开在即，他一连好几天都特别紧张。

到了开董事会那天，理查德森硬着头皮来到会议室，他等待着洛克菲勒的批评。

很快，洛克菲勒开始讲话了："理查德森先生，首先，我可以肯定你在南美确实做了一件不成功的事情。但是，"洛克菲勒的语气开始变得亲切，"大家知道你已经尽力了，虽然这次失败了，但是我相信在这件事情上没有人会比你做得更好。而且我们也正做着让你重整旗鼓的计划……"

说过这一番话，理查德森倍感温暖，先前的抑郁一扫而光。他又重新找到了自信。尤其是在董事会上洛克菲勒没有让他难堪，因此，他对洛克菲勒非常感激。

洛克菲勒知道理查德森争强好胜的性格，所以他没有用批评责怪的话，而是使用了关怀的话语，令理查德森保住了面子，也重新燃起了斗志。对于喜欢争强好胜的人来说，只要你反驳了他的观点或者否定了他的成就，你就伤了他的感情。所以，如果我们想要跟对方谈论什么事情，一定要讲究策略和方法，不要有反对的语气，以免使他丢了面子。

　　在人际交往中有"心机"的人懂得恰当地保住别人的面子，让别人丢面子的话就不该说。仔细想一想，伤害别人的面子，牺牲你的人缘，是否真的值得。该说与不该说的话之间的掌握很难把控，对于认识很久的人，语言禁忌会很少，而对于陌生人，语言禁忌就有很多。

　　面对第一次见面或者不熟悉的人，更应该"逢人只说三分话，未可全抛一片心"。我们一定要明白"浅而言深，既为君子所忌，既为小人所薄"的道理，有一些天生就很热心肠的人，见到任何人都喜欢唠叨、话家常，常常在激动之时，便什么都脱口而出了。当你把那些原本属于你的珍贵情感或极富有价值的信息，随意就送给了一个陌生人，反而会让人觉得你很轻浮，没有什么自制力。

　　在两个人交情不深之时，你的事就是你的事，别人并不会对此有多大的关心，甚至有可能会将你的隐私、重要机密给泄露出去，那么就得不偿失了。一个历经世故的人，绝对不会和初次见面的人就"畅所欲言"，这样的人不是狡猾、不诚实，这恰恰是为人处世最基本的自我防护，说任何话时都要看看对方是不是真的值得你托付真心。

　　在公司的饭局里最容易"出事"，因为这里人多嘴杂，人与人之间的关系复杂，说话一个不小心就容易出错。

　　有时候饭局里有人在说老板坏话，所以我们在"熏陶"下也跟着说了一些不该说的话。可是要知道人家敢骂很有可能是有把握的，多半有靠山，或者知道自己在公司不可替代。

　　在公司的饭局里，首先要说话态度和气，要让人觉得有亲切感，即使是和下属们吃饭，也不能用命令的口吻与别人说话。虽然有时候，大家的意见不能够统一，但是要学会保留意见，对于那些原则性并不很强的问题，没必要争得你死我活。其次，不要过分炫耀自己。再有能耐，在饭桌上也应该小心谨慎，因为这是在吃饭，不是让你露一手的地方。再说了，强中自有强中手，倘若在座的有比你厉害的，那你一定马上成为别人的笑料。

同样，公司的饭局也不是一个诉说心事的场合，很多心事说得多了就容易把自己的隐私说出去，最后被人利用。把该说的话一字不落地说出去，把不该说的话全都藏之于心。

4. 众欢同乐，切忌私语

在各种各样的聚会、饭局中，常常会出现一桌子人只认识一两个，其他都是生面孔的情况。那么在这种情况下也不要只顾着与熟悉的人窃窃私语地聊天，必须要跟整个桌子的人进行沟通，这就是众欢同乐，切忌私语。

大多数酒宴宾客都较多，所以应尽量多谈论一些大部分人能够参与的话题，得到多数人的认同。因为各人的兴趣爱好、知识面不同，所以话题尽量不要太偏，避免出现唯我独尊，一个人神侃，把所有人都忽略的现象。

特别是尽量不要与人贴耳小声私语，给别人一种神秘感，往往会使人产生"就你俩好"的嫉妒心理。这样的行为首先是对同桌的人不礼貌，其次是在表达自己的不合群。

中国从古到今都以礼仪之邦著称于世，到了现在，有些旧习俗虽然已经被淘汰，但是很多礼仪还深受人们的重视。尤其是饭局中，合适的酒桌礼仪能让你给别人留下好的印象。其中"众欢同乐，切忌私语"是最被人们所重视的。

在各种酒宴聚会中，一般宾客都较多，所以应尽量多谈论一些大部分人能够参与的话题，得到多数人的认同。当然，每个人的兴趣爱好不同、知识面不同、地位不同，所以话题不能太偏，我们也不能自己一个人喝闷酒或者跟旁边的人窃窃私语，否则会让人觉得很没礼貌。

酒桌上可以显示出一个人的才华、学识、修养和交际风度，面对所有人来一句诙谐幽默的语言，会给客人留下很深的印象，使人无形中对你产生好感。所以，应该把说话的对象定义为所有人，语言得当，诙谐幽默也很关键。高情商的人能把陌生的酒桌变成自己的主场，迅速地与酒桌上的人良好地沟通起来。

在酒桌上往往会遇到劝酒的现象，有的人总喜欢把酒场当战场，想方设法劝某个人多喝几杯，认为不放倒他说明自己没本事。有时过分地向一个人劝酒，会将原有的朋友感情完全破坏。朋友会怀疑你在针对他。

敬酒也是一门学问，一般情况下敬酒应以年龄大小、职位高低、宾主身份为序，不可在同年龄或同职位下只敬一个人。与不熟悉的人在一起喝酒，也要先打听一下身份或是留意别人如何称呼，避免出现尴尬或伤感情的局面。

敬酒时一定要让所有人都有面子。有求于席上某位客人时，对他自然要倍加恭敬，但是要注意，如果在场有更高身份或同等身份的人，则不应只对能帮您忙的人毕恭毕敬，也要先给其他人敬酒，不然会使大家觉得你太势利眼。

要想在酒桌上得到大家的赞赏，就必须学会"一碗水端平"。因为与人交际，就要真诚以待，左右逢源，才能演好酒桌上的角色。保证与所有人的共同沟通，是建立关系的良好前提，如果实在不知道该说什么，你可以用一种正式而恰到好处的口吻问候对方，然后说点客套话。客套几句后，你就会发现用什么话题与对方沟通了。

这里有个巧用客套话的例子。

老王："你好，我姓王，是来参加婚礼的，台上结婚的人是我哥们儿，我在做销售工作。"

老李："你好你好，我姓李，我是新娘家的亲戚。你是做什么销售的？"

老王："我主要是在上海做某品牌的厂家推销。"

老李："上海我去过两次，去过外滩，真有国际大都市的样子啊。"

老王："是啊，将来到上海玩，我请你吃饭。"

老李："对了，看你的年龄，你和新郎是大学同学吗？"

老王："是，我们大学在同一个宿舍……"

老李这样找话题，并不担心冷场的问题。在酒桌上有很多规矩，想要融入这一场酒宴，就必须要主动出击，去主动认识他们，通过敬酒、聊天等方法，赢得别人的认可。一个在酒桌上随时能与众人谈笑得风生水起的人，在任何时候都能够受人欢迎的，因为他们适应力超强，现场沟通力极佳，在各种应酬中都能够表现得落落大方。

5. 情商低的人只顾自己过嘴瘾，不管别人想不想听

在饭桌上，一个人侃侃而谈是没什么意思的，只有把大家都拉进来，有很好的互动，才算是成功的交谈。那么，就需要我们主动挑起大家都感兴趣的话题，而情商低的人往往只顾着自己过嘴瘾，也不管别人想不想听，我行我素地说自己的话题，就好像对着一个不懂体育的女人大讲世界杯，对一个还在上学的孩子大讲国际政治。

耶鲁大学文学教授、散文家威廉·菲尔普斯在《人性》中写道："在我8岁的时候，有一次周末我在姑妈家玩，期间一位中年男子来姑妈家做客，一阵寒暄过后，他把注意力转移到了我的身上。当时我正巧对船舶很感兴趣，于是来访者便与我讨论起这个话题，他谈话的方式在我看来非常吸引人。在他走后，我激动地谈起这位来访者——他真是个学识渊博的人！姑妈告诉我，他是纽约的律师，其实对船舶一丁点儿都不关心，他对这个话题其实半点兴趣都没有。'但他为什么总谈论关于船舶的话题呢？'

"'因为他是位绅士。他看出来你对船舶很感兴趣，于是就谈一点自己有所了解又能让你开心的东西，这样能使他更受人欢迎。'"

每个人都有自己的爱好，而谈话的切入点就是别人的爱好。在与别人沟通的时候，如果你能抓住这种爱好，找到切入点，你就会成为谈话的赢家；如果你同时做到认真地在听他讲话，并且再问一些他感兴趣的话题，那么他会滔滔不绝。因为人们都喜欢自己被倾听的感觉，让自己成为别人注意的焦点。

所以，如果你谈的是对方感兴趣的话题，那么他一定对你表示欢迎。

在谈话的时候，首先要顾及别人想不想听，然后找准谈话的切入点，这是与人交流时的关键所在。

在饭桌上，你可以首先提出一个问题，根据对方的反应，再提更令对方感兴趣的话题，一步一步地接近对方。两个人能够进行友好的交流，就是基于对话题的感兴趣，而如果我们想要让对方产生兴趣，就必须要找到对方感兴趣的话题。

人人都有自己感兴趣的东西，有的人爱好汽车、香烟、旅行，有的人乐衷于谈论时装、书画、美食，有的人热心于自己的工作，有的人则更关注自己的家人。每个人的兴趣点都不同，所以在人际交往的过程中，如果想和别人聊得投机，取得别人的信任，最关键的就在于找到对方最感兴趣的话题。

美国联邦自动售货机制造公司的业务部，要求所有的推销员都带着一块两英尺宽、三英尺长的厚纸板去做推销业务，纸上写着："要是我可以告诉您如何让这块地方每年收入300美元，你会感兴趣吗？"当与顾客见面时，推销员就打开厚纸板，铺在柜台或者合适的地方，引起顾客的注意与兴趣，引导顾客去思考，从而开始推销。这个方法让该公司的市场不断扩大。

这是在销售领域的一个案例，任何一个业务员想和顾客接近和进行互动，让顾客对你感兴趣、信任甚至喜欢你，只有知道他想听什么才行。

在与人沟通时，最不懂技巧的人会找不到话题点，只能自说自话，对方有一搭没一搭地回答，根本称不上沟通。我们可以利用对方的好奇心，引起其兴趣。好奇心是人们普遍拥有的一种行为动机，抓住这一点，利用好奇心，就可以让你在最短的时间内与对方打成一片。

当然，你设计的希望引起别人好奇心的话，必须要与你的活动宗旨或者你要达成的目标相关。

以一个对方一般都会感兴趣的问题吸引对方，从而开始交谈，是一种技巧。当然，沟通的方式很多，我们也可以采取另一种很有效的接近对方的发问方式，那就是"连珠炮式"提问法，一开始就提出一连串问题，使对方无法回避。

谈些对方感兴趣的话题，试探着找到对方好奇的事物，能够有效地激起双方沟通的顺畅。高情商的人不会自顾自地说自己的话，不管对方的神情是否耐烦，而是会充分照顾到别人的想法，真正地把沟通实践起来。

6. 你说你的，我吃我的，但我在听你说

在饭桌酒局上，会出现有人一直跟你滔滔不绝地讲话，而你又很饿的情况。面对这种情景，我们不能对人不理不睬闷头吃饭，应当呈现一种"你说你的，我吃我的，但我在听你说"的状态，要在吃饭之余给对方以回应，表示自己在听。

这就是一种倾听，在沟通中极为重要。每个人都需要别人的倾听，同时，每个人也在倾听别人的话。倾听讲话看似是平常小事，但通过这种小事，体现的是一个人是否有礼、有心，还能看出他是否有水平。

成功学家卡耐基在纽约出版商格林伯的一次宴会上，遇到一位著名的植物学家。他从没有接触过植物学，但觉得植物学家说话极有吸引力。于是他像入了迷似的，坐在那里静静地倾听植物学家讲有关大麻、室内花园以及马铃薯的有趣知识。后来卡耐基谈到自己有个小型的室内花园，植物学家非常热忱地告诉他如何管理好它。

到了晚宴结束的时候，卡耐基向其他人告辞，这位植物学家在主人面前极度恭维他，说卡耐基"是个最风趣、最健谈、最优雅的人"。

卡耐基后来说："其实我几乎没有说话，因为我对植物学知之甚少。但我做到了一点，那就是我注意倾听。我静静地听，用心地听，我发现自己对他所讲的确实感兴趣，而他也感觉到了，所以自然就很高兴了。"

很少有人意识到倾听的力量，生活中很多沟通高手都是善于倾听的，沟通不仅仅在于说，更在于会听，让对方说得舒服。老天给人们两只耳朵，一张嘴，其实就是要我们多听少说，酒桌上是一个非常复杂的情境，每个人都在说话，又要喝酒、劝酒等行动，但是无论我们怎么忙，都不应该忽

略跟我们说话的人，要时时跟对方保持良好的沟通。

高情商的人善于利用耳朵，成为别人的一个忠实的听众，做一个懂得倾听的人。每个人都习惯说，但很少有人习惯去倾听，而只有恰当的倾听，才能让对方觉得自己受到了重视，从而对我们产生好感。

卡耐基曾经说过："对和你谈话的那个人来说，他的需要和他自己的事情永远比你的事重要得多。在他的生活中，他要是牙痛，要比发生天灾数百万人伤亡的事情还更重大；他对自己头上小疮的在意，要比对一起大地震的关注还要多。"

倾听，这看似简单的一个细节，做起来却很不容易。倾听别人讲话时，你可以注视对方的眼睛。这样对方也可以看出你是在认真听他讲话。你也可以埋头做你自己的事，但要在别人讲话的时候，不时提出一些问题，这样别人会认为你对他所说的话感兴趣。但是注意不要突然打断别人的讲话或者急切地改变话题，要顺着别人的话题来说。

倾听还能够拉近彼此间的距离，增进友谊，加深感情，获得学习的好机会。当人不顺心、想不开、悲伤痛苦的时候，我们需要认真倾听他们的肺腑之言。这样就能减轻他们的痛苦，使他们得到慰藉，同时，你也获得了他们的信任和感激，从而为你的成功铺设了道路。

日本的"经营之神"松下幸之助说："首先要细心倾听他人的意见。"松下幸之助留给我们的深刻印象之一就是他很善于倾听。一位曾经拜访过他的人这样记叙道："拜见松下幸之助的过程非常轻松愉快，根本没有感到他就是日本首屈一指的经营大师，反而觉得像是在同自己的朋友或家人谈话一样随便。他一点也不傲慢，对任何一个问题都听得十分仔细，还不时亲切地附和道'啊，是吗'，从不走神。我曾经向他探询：松下先生的经营智慧到底蕴藏在哪里呢？多年之后，我终于明白过来：善于倾听。"

曾经的美国副总统豪斯先生，工作非常出色。他的朋友们这样评价他：

"豪斯先生一向是一名好听众。能够出任威尔逊的副总统，就是对他恭听态度的最大奖赏。因为豪斯首次在纽约和威尔逊会面时，他就用善于恭听的策略赢得了威尔逊的好感，而且这种好感越来越强。"

有人说过："喜欢倾听的人，是一个值得交往的人。"善于倾听的人往往朋友很多，因为他们能够给予朋友最大的尊重，无论朋友的话题是否与自己相关，无论自己是否特别繁忙，都能够保持一个倾听的态度，给别人最大的尊重。你说你的，我吃我的，但我在听你说。从别人的话中，我们可以知道许多自己不知道的事，我们得到的不仅仅是人脉。

第三章

说服的话，情商高的人懂得攻心地说

在生活中，常常需要说服别人，有的人用短短几句话就能够把工作安排得当，就能够让所有人都听命于他，而有的人费尽口舌也不会换来回应。这就是因为说话没说到点子上，没达到"攻心"的效果，说再多的话也没用。而高情商的人懂得直指对方的内心，用最关键的几句话搞定对方。

1. 情商高的人，用关键的几句话就能搞定对方

在生活中，常常需要说服别人，你会发现有的人用短短几句话就能够把工作安排得当，就能够让所有人都听命于他，而有的人费尽口舌也不会换来回应。这就是因为说话没说到点子上，没达到"攻心"的效果，说再多的话也没用。而高情商的人懂得直指对方的内心，用最关键的几句话搞定对方。

有效率的说服是在第一时间就直指对方所求，在你开口之前就应该明白对方需要什么，什么样的话能够打动对方。

1983 年，面对 IBM 咄咄逼人的攻势，乔布斯一手创立的苹果公司的市场份额迅速缩水。他急需寻找一个真正有实力且深谙管理和营销之道的领导者来出任苹果的 CEO。

乔布斯在董事会上力排众议，最终选中了时任百事可乐公司总裁的斯卡利出任此职。但是斯卡利似乎对苹果公司并不感兴趣，乔布斯为了让斯卡利加入苹果，他邀请对方躺在一处山坡上看云，随即说出了那段著名的话，这极具诱惑性的语言至今仍被人津津乐道："你是想卖一辈子糖水，还是跟着我们改变世界？"

后来斯卡利回忆说，当他听到这句话的时候他的心突然狂跳了起来，从来没有那么激动过，这句话改变了斯卡利的命运，也改变了乔布斯的命运轨迹。

虽然斯卡利装作若无其事的样子，并没有直接回答乔布斯的问题，但是随后他便成为了苹果的 CEO。

乔布斯就用了一句话，激发了斯卡利这位高级经理人对更高目标的追求，进而加入了苹果公司。你费尽口舌去说服他人，就是因为他人所持的意见与你相左。如果想要别人接受你的观点，漫天不切实际的话语是不能让他人诚心接受的，所以，劝服他人也要把话说在点子上。不同性格的人，要用不同的方式来说服。

比如对方是性格温和的人，我们可以采取迂回的办法，因为这种人往往自负，虽然表面上像是同意了你的观点，但其实心里并没有真正地服气；而面对性格固执、倔强的人，我们就更不容易改变他的观点了，对于这类人，我们只要抓住对方的要点，对症下药，就能速战速决了。所以在说服别人时应该抓住对方的心理、性格等特点，不同的人用不同的方法，这样才能有所成效。

说服他人，如果不击中要害，长篇大论只会让人感到厌烦，说再多的话，浪费再多的时间，也是做无用功。因此，想要成功说服他人，前提就是要找准着重点。所谓好钢要用在刀刃上，只有把话说到了点子上，才能达到实际效果。说服是一门很高的艺术，即使是巧言善辩的人，如果不对症下药，想要他人对你的观点信服，也是根本不可能的事情。

1948 年冬季，中国人民解放军为保护历史名城北平，也为避免流血牺牲，敦促傅作义将军举行和谈。但是他犹豫不决，下不定决心。刘存同老先生当时是他手下的少将参议，受我地下党员杜任之的委托，决定说服傅作义将军。

刘老先生语重心长地对傅作义说："宜生，是当机立断的时候了，一定要顺应人心，和平谈判，万万不可自我毁灭，万万不可。"其实，傅作义是有和谈的想法的，只是他顾虑自己怕被看成叛逆。

刘老先生知道了这个症结后，就有针对性地开导他，讲了我国历史上商汤放桀、武王伐纣的故事。他说："汤与武王是桀、纣的重臣，后人不但不称汤与武王是叛逆，反而赞美他们深明大义。忠，应该忠于人民，而非忠于一个人。目前国事败成这个样子，人民流离失所，处在水深火热之中，人民希望和平。如果你能顺应人心，倡导和平，天下人会箪食壶浆来欢迎你，谁还会说你是叛逆？"

刘老先生这番话，设身处地地为他的前途着想，于情于理，双面夹击，终于使傅作义将军下定决心，答应举行和平谈判，为和平解放北平拉开了帷幕。

做事要有针对性，说服他人更是如此，不能什么都没弄清楚就去劝说，这样根本无从劝起。弄清对方的问题所在，针对症结申明利害，以理攻心，这样就能取得很大的成效。对症下药，将自己的观点和意图一步步慢慢地注入对方心里，只有对方自觉自愿地同意你的观点，才是真正的说服。

因此，在劝说他人的时候一定要首先搞清楚事情发生的缘由，如果胡乱医治，不仅自己闹笑话，还会让他人心里更不是滋味。同样的，在别人不同意你的观点时，一定要有自己的想法和意见，我们要说服别人，就要搞清楚对方坚持己见的原因，只有"知己知彼"，才能"百战不殆"。

2. "将心比心"的说服术

莎士比亚在《亨利四世》中说："即使理由多得像草莓籽一样，我也不愿在别人强迫下给他一个理由。"是的，想说服别人，想让对方采纳自己的建议，强迫绝对不是最有效的沟通方式，而且极可能产生负面的结果，最后落得"偷鸡不成蚀把米"的下场。

我们在说话的时候要设身处地地替别人想想，了解别人的态度和观点比一味地为自己的观点和主张作争辩要高明得多，不管是在谈生意还是在说服别人的时候都是如此。

这种方式能够帮助我们更好地解决争辩、处理问题，可以说只要我们换位思考，就能够揣摩到对方的内心，也就知道对方需要什么或者不想要什么。

戴尔·卡耐基每个季度都要在纽约的一家大旅馆租用大礼堂20个晚上，来讲授社交训练课程。但是在某一个季度，他刚开始授课，旅馆经理就提出要他付比原来多3倍的租金。而这个时候，入场券已经发出去了，开课的事宜都已办妥。

卡耐基在两天以后去找经理，他首先对经理提高租金的做法表示理解，然后帮他分析了这样做的利弊，他说：

"有利的一面：大礼堂不出租给讲课的而是出租给举办舞会的，那你可以获大利了。因为举行这一类活动的时间不长，他们能一次付出很高的租金。租给我，显然你吃大亏了；不利的一面：首先，你增加我的租金，却是降低了收入。因为实际上等于你把我赶跑了，由于我付不起你所要的租金，就得另找地方。"

"还有一件对你不利的事实：这个训练班将吸引成千的有文化、受过教育的中上层管理人员到你的旅馆来听课，对你来说，这其实是起了不花钱的活广告作用。请仔细考虑后再答复我。"讲完后，卡耐基告辞了。最后经理让步了，把价格又调回了原来的水平。

我们常常会有这样的感觉，当别人企图说服你的时候，你通常会觉得对方根本就不理解你，不懂你的心情，不了解你的感受，不懂得站在你的角度看问题，所以你无法接受对方的任何建议，甚至他说了什么你也懒得去听。

那么同样地，当你企图去说服别人，给别人提建议的时候，如果你不站在对方的角度去看问题，别人也无法接受你的任何观点。如果这个时候，你能换个角度，让对方觉得你是他的"自己人""同类人"，那么对方会感到他自己被理解，因此改变最初的逆反、防御心理，慢慢地接受你。

高情商的人会站在对方的角度上，思考对方真正需要什么。说服对方的一种简单方法，就是和对方交换一下你们所处的位置——将心比心。让对方站在你所扮演的角色，从对方的话语中，获得我们想要的东西。这种办法可以说是先暂时将自己交给对方处置，让对方站在我们所处的立场说话，再在谈话中发掘对自己有益的话，以此方便我们日后使用。

一般来说，在我们和要说服的对象较量时，彼此都会产生一种防范心理，尤其是在危急关头。这时候，要想使说服成功，就要注意消除对方的防范心理，消除防范心理的唯一方法就是将心比心，它能使你具有了解对方的情绪与心意的能力，使你具有支配他人的力量。站在他人的立场上来分析他人的问题，能给他人一种为他着想的感觉，这种投其所好的技巧常常具有极强的说服力。我们要做到这一点，唯先知彼，而后方能从对方立场上考虑问题。

有一家精密机械工厂生产出了一批新产品，于是将部分部件委托给一个小工厂制造。当小工厂将零件的半成品呈给总厂时，质检全部不合格。由于这一批产品急需打入市场，总厂负责人要他们尽快重新制造，但小工厂负责人认为他们是完全按总厂的规格制造而成的，不想再耗时耗力重新制造了。

双方僵持了许久，总厂厂长看到了这种局面，问明原委后，便对小厂的负责人人说："我想这件事完全是由于我们在设计方面没有考虑周全所致，而且还令你们吃了亏，实在是很抱歉。幸好你们今天将这些产品送了过来，正是由于你们的帮忙，才让我们及时发现了问题，只是事到如今，咱们现在要做的就是尽快将产品改进，打入市场，这样才能尽快为咱们双方带来更多的利益。你们不妨再花一些时间，将它们制造得更完美一些，这样，我们得到的好处就会更多。"小工厂的负责人听了厂长的一席话，欣然应允。

当我们想要钓上一条鱼的时候，就要考虑鱼是怎么想的，知己知彼，自然能百战不殆。聪明的人都是善于摸透别人的心理的人，能够猜准对方心里怎么想，站在对方的角度去考虑问题，才能做出相应的反应。要想得到别人的认可又少走弯路的话，就要从对方的立场出发，了解他的心理，了解他的难处，了解他的需求，这种说服方法最容易使对方接受，从而达成统一认识。

将心比心，站在别人的立场去思考，对你的说服工作会起到事半功倍的作用。所以无论对朋友、顾客，还是领导、同事，你都要学会运用将心比心的技巧，这样你就会赢得别人的信赖，从而就能更好地说服别人了。

3. 情商高的人，懂得适时沉默

在交际过程中，我们必须认识到适时的沉默也是一种力量，沉默与说出精心选择的词具有同样的表现力，就好像音乐中音符与休止符一样重要。沉默会产生更完美的和谐，更强烈、更恰到好处的效果。

有一句话叫言多必失，话说得多了难免会有失礼的时候，在人际交往中如果说了一句或者几句别人不爱听的话就会产生很不好的影响。沉默的倾听往往会给你带来益处，在某些场合，沉默不语可以避免失言，以免可能会不假思索地说出不恰当的话给自己带来麻烦。

《谈话的艺术》的作者、心理学教授格瑞德·古德罗曾说过："沉默可以调节说话和听讲的节奏。沉默在谈话中的作用就相当于零在数学中的作用。尽管是'零'，却很关键。没有沉默，一切交流都无法进行。"

美国著名的总统尼克松就很会利用沉默带给对方的力量，并依靠这种力量在他和道格拉斯著名的辩论中，一举扭转败势，成为成功运用沉默的经典。

尼克松当年为了争取一个进参议院的名额，和道格拉斯进行了多次辩论，在他最后一次的演说刚讲到一半的时候他却突然停顿下来，默默站了一分钟，两眼深情地望着他面前那些半是朋友半是旁观者的群众的面孔。然后，以他那独特的单调声音说道："朋友们，不管是道格拉斯法官或我自己被选入美国参议院，那都是无关紧要的，一点关系也没有；我们今天向你们提出的这个重大的问题才是最重要的，远胜于任何个人的利益和任何人的政治前途。"

说到这儿，尼克松又停了下来，开始了足足 10 秒钟的沉默，听众们改变了以往的态度，开始屏息以待，唯恐漏掉了一个字。"即使道格拉斯法官和我自己的那根可怜、脆弱、无用的舌头已经安息在坟墓中时，这个问题仍将继续存在……"

最终尼克松在辩论中，巧妙运用沉默，一举扭转败势，为他顺利进入参议院奠定了坚实的基础。

现在社会，我们在与别人的交往中有时更需要忍耐和沉默。尤其是在商业洽谈或私人交际中，无言也许是最好的选择之一。因为不"多嘴多舌"的人能给别人一种安全感，他们会认为跟你说了事情不会被泄露出去，从而愿意与你交往。

有张有弛的谈话在人际交往中至为重要。正确的交流由两个方面构成：

既被人关注，又关注别人。安静、专心地倾听会产生强大的魔力，使谈话者更加心平气和、呼吸舒畅，连面部和肩部都放松下来。反过来，谈话者会对听众表现得更加温和。当你发怒、焦虑或自己想大发雷霆时，请你喝上一杯水或是握着自己的双手，然后露出你的微笑。这种简单的方法或许可以帮助你控制住情绪。

沉默在很多时候，也是一种美好的品格，比如不与人争辩。

当你无法说服一个人的时候，最应该做的，不是四处搜集论据继续来说服那个人，而是选择闭嘴、退让，不要不甘心，因为人和人之间的思维差异是永远无法达成一致的，争辩无果，就会造成口角，口角一旦形成就容易恶语伤人，选择适时的沉默，不失为维护自尊和尊重他人的一个好办法。

沉默是表达立场的上好办法之一，它是应对打击报复、不公对待的一种抵抗态度。沉默会让你的敌人不敢对你轻举妄动，而多嘴多舌只会让你的底线被别人一览无余。门前的石狮子是沉默的，多少年都不会听见它发出一点声音，但每个从它面前经过的人，都会由衷地感到敬畏，这就是沉默的力量。

一个人话太多就会给人平庸之感，而懂得适时沉默的人会给人一种智慧的力量。

有时候对方在滔滔不绝地讲着自己感兴趣的东西，可是我们却又不想听，这个时候，你就可以选择沉默，以一种沉默无语的方式来达到提醒对方的目的，也就是在提醒对方，我们对他所说的话题一点都不感兴趣，他最好能换个话题或者干脆离开。

有一次，美国的第 25 任总统威廉·麦金利在一场本来可以发怒的争执中，控制住了自己的情绪。他有一种很聪明而极简单的方法，巧妙地化解争执。

一次，有几位代表，前来抗议总统前不久指派某人为税收的负责人。其中领头的是一名议员，身高 6.2 英尺，脾气很暴躁。他用愤怒的口气斥责总统，用的差不多是一些侮辱的词汇。但是总统毫不作声，任他去发泄，就像没有听到那些难听的话一样保持着沉默。

直到那位议员将所要说的全部说完，麦金利总统才开口，他平和地说："现在你觉得好些了吗？"

那位议员有些诧异，但没有吭声。

总统接着说："就依你刚才的言辞，你实在是无权知道我指派某人作为税收负责人的原因，不过我马上会告诉你的。"

那位议员的脸马上红了，想道歉，但是总统又笑着说："无论什么人，如果不知道事实究竟是怎样的，被弄得发狂也是正常的。"然后他向几位代表解释其中的缘由。

麦金利总统先是在那位愤怒的议员诉说不满的时候保持了沉默，等他的不满全部宣泄完毕之后，又用冷静而带讽刺的答复使这位议员觉得自己用粗暴的语言争执是错误的，甚至觉得这次的指派或许是对的。

沉默并不是一言不发，成了一个哑巴。一个处在好口才和沉默之间的人会比较容易地处理周边的各种问题，该说话的时候说话，该做事的时候做事，不因噎废食，也不贪大自傲，如此，一个被人尊重的形象才有机会得以塑成。

刷存在感，绝不是靠不停说话。

即使很会说话，讲上两个小时，也会令人生厌。适度沉默，才是好的表达者。

因为，沉默，才有空间，才是更充沛的情感流动。

4. 不强攻，"旁敲侧击"更使人信服

说服别人并不一定要直截了当地告诉对方："你应该……"为了避免对方的过度反弹，说服可以是一种提醒，用旁敲侧击的方法来使对方醒悟。因为有很多人"不听劝"，如果你摆出一副要劝说的样子，对方直接就关闭心扉，对你的话充耳不闻，自然达不成劝说的目的，而如果运用旁敲侧击，在一开始对方也不会知道我们是在说服他，最终认真地听完我们的话。

春秋时期，吴王准备攻打楚国，吴王自知这个计划会遭到很多大臣的反对，他打算先堵住进谏的人的嘴："谁要是对我攻打楚国发表反对意见，我就让他去死。"这句话说出来后，很多大臣都不敢说话了，即便这个计划有着很明显的错误。吴王的宫廷近侍少孺子知道攻打楚国会给吴国带来很大危害，他动了动脑筋，运用了一个办法。

这一天早晨，少孺子服侍吴王时身上湿漉漉的，吴王就很好奇，问他是怎么回事。少孺子正色道："清晨，臣带着弹弓在后花园闲逛，看见一件很有趣的事情，一只蝉在树上响亮地鸣叫，喝着露水，但是它不知道身后正有一只螳螂悄悄向它移动，那螳螂弯着身子，张着手臂，一点一点地接近那只蝉。可螳螂也不知道，它的身后有一只黄雀隐藏在树叶里，在伸着脖子准备啄螳螂。可怜的黄雀自以为能够将螳螂吃进嘴里，可它万万想不到树下有个我用弹弓瞄准了它！这三个小东西都只顾眼前，不顾脑后，我因为看得太久了，所以露水把衣服都沾湿了。"

吴王听了少孺子的话，心中猛然警醒，同时也明白了少孺子的一番良苦用心，于是决定放弃攻楚的计划。

少孺子面对吴王下的死命令，他没有办法直言相劝，所以就想到用寓

言劝谏，他连用三种动物给出比喻，吴王进而领略到只图眼前利益是不行的，最终吴王接受了他的批评。少孺子通过旁敲侧击的方式，保住了自己的性命又表达了忠言，可见恰到好处地语言技巧应用，是达到理想效果的决定要素。

每个人都喜欢拥有自己独立的思想，没有人喜欢接受推销，或被人强迫去做一件事情。人们都喜欢按照自己的意愿购买东西，或照自己的意思行动，希望别人在做事时征询自己的愿望、需求和意见，不喜欢别人妄下主张。但是有些人在做事的时候往往会忽略这一点，那是因为他们做事的时候，被一种占有和控制的欲望驱使着，总觉得自己的想法才是最正确最有意义的，希望别人都按照自己的意愿行事。但是这样一意孤行的做法不仅不会让你的愿望达成，反而会让大家离你越来越远，失去与你合作的兴致。

不同的人对同一件事都有不同的看法，所以，当你的意见与他人的想法产生分歧时，千万不要自以为是地把自己的意见强加给别人。尤其是那些身居高位者，更加不能因为碍于自己的面子，而不尊重他人的意见。

林肯说："一滴蜜比一加仑胆汁能捕捉到更多的苍蝇，跟他人交谈时不要以讨论意见作为开始，要以强调而且不断强调双方都同意的事作为开始，如果可能的话必须不断强调你们都是为相同的目标而努力的，唯一的差异在于方法而非目的。"事实证明，旁敲侧击比把意见强加给别人要好得多。用强制的方法，你永远得不到满足，但你用让步的方法，你可能得到比你期待的更多。

《三国演义》中有这样一段情节：赤壁之战中曹军大败后，曹操率领士兵从华容道败走，因关羽念及昔日曹操对他的恩惠，放了曹操一马。曹操回到安全之地后，忽然仰天长叹，悲切不已。部下疑惑地问他："丞相已经脱离困境，当时面对诸多敌军毫不沮丧，现在人已得到食粮，马已得到草料，您为何还如此悲切呢？"曹操说："不为别的，只是哭我那早死的郭嘉。如果他活到现在，决不会让我曹操如此惨败！"众将士听后没有不反省自己的。赤壁之战惨败而归，大家都有责任。曹操并没有直接把下属痛骂一顿，也没有责备他们不尽心尽力，而是采用"旁敲侧击"谈话术，当着众人的面追思已经死去的谋士，既没有让大家下不来台，又委婉地批评了众谋士的失职，达到了批评下属的目的。

旁敲侧击既可以做到不伤害对方，也能有效地保护自己。当我们在社交中，面对一些难堪、尴尬的局面，面对对方无理取闹的行为，或者不能直接回答的问题时，我们尽可以以"旁敲侧击"的方式予以回击和化解。

高情商的人都懂得旁敲侧击，看似顾左右而言他，实际上还是在表达自己的想法，最起码让别人听着很舒服，不会产生对说教的抗拒心理。旁敲侧击时需要一些技巧，比如不能够过于拐弯抹角了，这种方法需要对方的领悟力，否则你的旁敲侧击不能被人领悟，就丝毫没有效果了。

5. 耐心说服而不是强势压服

我们在与别人持反对意见时，如果想要反驳对方或者说服对方，让别人赞同我们的观点，通常会采用强势说服的方法，即向对方表达一堆长篇大论来证明自己的正确。事实上，这种情况下，对方根本不可能听得进去，还有可能跟我们针锋相对。

一个高情商的人从来不会在公众场合跟别人面红耳赤地辩论，而会有理有据地让他人从内心信服于自己的观念。一味地采用口头压服的方式，让人不仅不能接受你的说法，还会使他人更加坚持己见。所以，我们要想赢得他人的尊重，让他人从心底接受你的观点，就要耐心地说服他人，而不是利用身份、权力乃至话语去压服。

美国第30任总统卡尔文·柯立芝思维敏捷，在一次白官晚宴上，一位演唱家由于紧张唱得很难听，一个客人凑到柯立芝身边悄悄说道："您觉得这位演唱家表现得怎么样？"柯立芝回答道："我完全赞成你的观点。"这是一次非常经典的反驳案例，客人的询问明显是"陷阱式"的，柯立芝作为总统总不好说歌唱家唱得难听，又不能"睁眼说瞎话"，他将回答反驳给了对方，至于对方心里想到唱的好坏都无所谓了。

反驳的最终目的并不是自己的观点战胜别人的观点，而是要让人信服，这并不矛盾，如果你做到有理有据、有礼有节，对方即便不同意你的观点，也会信服你这个人。说服别人必须有理有据，不需要强求别人同意我们的观点，在说服的时候要用技巧和事实来进行耐心的说服。

因为观点的差异和视角的不同，每个人对事物的看法都有自己的认知。说服别人时，不要只顾说自己的理由。要在说服对方之前，对对方的一些情况做深入的了解。对别人的思想、感觉、看法等了解得越透彻明白，就可以使说服的语言更得体，更有效，更容易使人心悦诚服地接受，并最终打动对方的内心。

林肯说过："不论人们如何仇视我，只要他们肯给我一个略说几句的机会，我就可以把他说服！"任何人都喜欢坚持相信自己已经相信的事物，而不希望别人来加以反对。所以在说服的时候，如果一开始就说"我要证明这个，我要证明你是错的"，绝非是聪明的做法。

假设我们一开始就着重讲一些对方愿意听从的意见，然后再提出对方所乐于解答的问题，说服起来就会顺利得多。当你采用策略与对方一起探讨问题时，再将自己所要表达的事情陈述出来，让对方在你的精辟论述以及事实的说服下，迅速赞成你的观点，这样你就达到了说服的目的。

电话机的发明人贝尔，有一次出门去筹款，他到一个大资本家崔斯特先生的家里，希望崔斯特先生能够对于他正在进行的新发明事业投一点资。但他知道崔斯特是一个脾气古怪的人，向来对于电气事业是不感兴趣的。

贝尔开头时并不对他说明预算能获得多少利益，也不对他解释科学理论，据贝尔传记上的记载：他弹着钢琴，忽然停止了，向崔斯特说："你可知道，如果我把这脚板踏下去，对着钢琴唱出一个声音，这钢琴便也会复唱出这声音来。比如我唱一个DO! 这钢琴也会应一声DO! 这事你看有趣吗？"崔斯特当然不懂其中道理，他于是静悄悄地放下手中的书本，好奇地发问贝尔，于是贝尔详详细细对他解释了和音和复音电信机的原理。

在这场谈话结束的时候，崔斯特心甘情愿地支付了一部分贝尔的实验经费。

贝尔的方法，其实是十分简单的，在讲筹款的事情之前，他先设法引起对方的好奇心。牵引了崔斯特对于他及他的理想的注意，这是一种很有力量的策略。

一个人想要说服他人，没有足够的耐心是完全不行的，想让对方接受我们的观点不能用强势不允许反驳的态度，在阐述自己的观点后，也要听听对方的想法，再进行有针对性的说服。

这种做法能够让对方感受到自己被尊重，进而愿意对我们的观点进行思考。高情商的人从不会用自己的强压让别人"屈服"，耐心是说服的"润滑剂"，有理有据是说服的推动力，有这些组成部分才能成为一个说服高手。

6. 巧用设问的方式

在说服时，应该想方设法调节谈话的气氛。

如果你和颜悦色地用提问的方式代替命令，并给人以维护自尊和荣誉的机会，气氛就是友好而和谐的，说服也就容易成功；反之，在说服时不尊重他人，拿出一副盛气凌人的架势，那么说服多半是要失败的。毕竟人都是有自尊心的。

用设问代替命令，"你把那杯水拿来"换成"帮我把那杯水拿来可以吗"，气势上一下子就变得不生硬了。设问还可以替代很多语气，用问句结束可以把语气中的强制性弱化，变得有期盼的味道。

俄国十月革命刚刚胜利的时候，许多农民怀着对沙皇的刻骨仇恨，坚决要求烧掉沙皇住过的官殿。别人做了多少次工作，农民都置之不理，表示非烧不可。最后，只好由列宁亲自出面做说服工作。

列宁对农民说："烧房子可以，在烧房子之前，让我讲几句话，可以不可以？"

农民说："可以。"

列宁问道："沙皇住的房子是谁造的？"

农民说："是我们造的。"

列宁又问："我们自己造的房子，不让沙皇住，让我们自己的代表住好不好？"

农民齐声回答："好！"

列宁再问："那么这房子还要不要烧呢？"

农民觉得列宁讲得好，同意不烧房子了。

列宁通过几步提问，把农民的思维引导到自己的方向，最终成功解决了问题。说服人的技巧之一是只要问对问题，对方就会点头。日本心理学大师内藤谊人在《说服各种人的聪明问话术》一书中指出，好的问题比命令更为有效，只要善用问问题的技巧，就可以得心应手。其实，提问是在某种程度上让对方自己说服自己。

要想让别人接受就必须把话说到别人的心坎上，这就是所谓的攻心。在和别人谈话的时候，大多数人都会对自己的观点进行反复强调，希望别人能够记住，其实，有时候一味地强调并不能达到很好的效果，但是如果以设问的方式进行诱导，往往能起到事半功倍的效果。

设问这种方式可以把话题直接置于我们这一边，比如我们在跟人争论某件事情，一直在僵持中时，我们就可以跳出这个议题，提出其他的设问，让对方来回答问题，这样就能很好地把对方拉入我们的节奏中。

林肯在做律师的时候，以口才出众闻名。有一个老年妇女找到林肯，她说自己的丈夫在独立战争中死去，每个月靠着领抚恤金生活，可是有一次她去领抚恤金的时候，银行的人告诉她要交一笔昂贵的手续费，简直是变相勒索。

林肯受理了诉讼，最开始被告方银行的出纳员予以否认，原告这边也没什么证据。林肯发言了，他开始讲述起烈士们在独立战争中的艰苦，最后他用设问的方式做出了结尾："如今，所有的事实都已成为陈迹。1776年的英雄，早已长眠于地下，可是他们的那衰老而又可怜的遗孀，还生活在我们身边，如今的一位受到了极不公正的待遇，并站在了我们面前，要求我们代她申诉。这位老太太从前也是一位美丽的少女，曾经有过幸福快乐的家庭生活；然而，她已经牺牲了一切，变得贫穷和无依无靠，她的丈夫为合众国的独立献出了生命，难道我们这些享受着和平权利的人民，要熟视无睹吗？当然不能！"

设问可以明知故问，也可以自问自答，有时候也可以使用严厉的逼问，目的就是要把主动权掌握在自己手里。在说服别人的时候，不要跟着对方的思维走，否则很容易陷入对方的陷阱中，纵使你口才思辨再好，也很难"翻盘"。设问就是打破这种跟随的态势，让对方跟随我们的想法，最终被我们说服。

美国的顶尖图书推销员比恩·崔西在推销图书时最常用设问，他见到潜在顾客时，总是先问上三个问题："我送您一套书您会读吗？您若喜欢这套书您会买下来吗？如果您不喜欢，那么可以把书给我邮寄回来吗？"当比恩·崔西运用这个技巧的时候，几乎没有失败的时候，因为他在用诚恳、客气又隐藏着毋庸置疑的语气在跟顾客沟通，大部分顾客听了这番话后都表示拿回去看看，最终也都付了钱买下书。

巧妙的设问可以在对方回答后再进一步展开论述，让对方不知不觉走进你的话语圈套，让你几句话就简单地掌握了谈话的主动权，让对方在不知不觉中就被说服了。

第四章

禁忌的话，多拐几个弯再说

　　心直口快不是美德，说话直来直去只会伤到别人。有人把心直口快当作坦诚的表现，高情商的人则不这样认为。说话诚实固然好，但是同样的诚实用不同的话表达出来，效果就不一样。盲目的心直口快，可能会引起别人的误解，甚至有时还会引起纷争。其实，很多事情可以通过绕道而行加以解决，这样往往可以起到"化干戈为玉帛"以及增进友谊和团结的作用。

1. 达不到对方的要求，要隐晦曲折地表达

在别人提出不恰当请求时，必须果断拒绝，但是这种拒绝的语气又不能太直接，因为很容易伤和气。聪明的人会在拒绝的语言上下功夫，同样是拒绝，高情商者懂得把意思表达得隐晦曲折，给对方留了面子，也给自己留了退路。

著名作家钱钟书因作品《围城》享誉海内外，但是他生性淡泊，不喜欢聚会应酬。有一位外国女士特别喜欢钱钟书。有一天，她打电话给钱钟书先生说："钱钟书先生，我十分喜欢您的作品，我想去拜访您一下。"

这是个外国读者的请求，因为喜欢这部作品而甘愿跨越重洋来到中国，只为见见作者，钱钟书却拒绝了，不过他的拒绝词跟他的作品一样睿智幽默，钱钟书说："如果你吃了一个鸡蛋很好吃，难道还有必要去看一眼下蛋的母鸡吗？"

如何拒绝得大方得体，让对方能够欣然接受是非常重要的，一定要学会运用合理的话语将"拒绝"二字做得不显山不露水，这样才能让对方快速地接受。

第一，拒绝之前先听对方把话说完。

如果想让对方接受你的拒绝，那就要先学会倾听。无论是你的同事，还是朋友，他们在开口时心中就会有所担忧：会不会被拒绝。比如对方刚

刚透露出想借钱，你就如被踩了尾巴一样跳起来："不行！我没钱！"那么，从此之后，你跟对方很可能不会再有任何感情发展。无论对方提出什么要求，我们都要先听他把话说完，让对方讲出自己的苦衷和理由，我们弄清楚情况再给出答复。即便是最终拒绝了，也至少给对方尊重。

第二，拒绝的语言要模糊，答复的时候是需要技巧的，可以使用暗示法、替代法等等。暗示法的意思是巧妙地表达出自己拒绝的信息，但并没有把"不"字直接说出来。比如别人跟你借钱，你回答："这个，最近手头比较紧。"这就是最简单的暗示拒绝的例子。还可以运用得更加委婉得体，这需要看具体事例，由你自己发挥。

第三，选用拖延战术。

直来直去的拒绝会让对方觉得你根本没有考虑到他的面子，进而会认为你根本不看重他，从而对你不满，你很可能因此而多了一个敌人。所以，先不要忙着拒绝，也不要忙着答应，让时间来冲淡一切。

第四，避实就虚。

不说"是"，也不说"否"，只是搁置下来，转而议论其他事情，遇上别人过分的要求或难答的问题时，就可以使用这个方法，将话题引开，即顾左右而言他，或者以幽默的方式谈笑而过。

中东埃及战争结束后，美国就恢复和平在其中奔忙周旋的总统特使基辛格穿梭外交，来往于当事两国之间。他在与埃及总统萨达特达成一些协议后，双方共同主持记者招待会。

有位记者问："总统先生，美国是不是从现在起不再给以色列空运物资了？"萨达特回答："你这个问题应该向基辛格博士提出。"尽管那时他也知道空运即将结束，但还是回避了这个问题。基辛格忙说："幸亏我没听见这位记者所问的是什么问题。"

萨达特与基辛格，都巧妙地回避了记者的提问。萨达特的回答暗示了这样一个含义，美国的问题当然由美国人来回答，他的回答可以说是最好的，不但起到了拒绝回答的作用，也很在情在理。而基辛格同样采取了回避的方法，用了幸亏两个字，表明了自己的拒回意思。

有一个笑话，顾客排队等得非常着急，说："我已经在这窗口前面待了三十多分钟了。"服务员说："我已经在这窗口后面待了三十多年了。"一句话就化解了顾客心急的情绪。

很多人在拒绝对方的时候，会产生一种"不好意思"的心理。这种心理阻碍了人们把拒绝的话说出口。由于这种矛盾的心情，态度上就不那么热心，说话吞吞吐吐，欲言又止，欲藏又露。

在这种心理的制约下，人们最终往往会依照对方的意图行事。即使拒绝了对方，其态度也容易使对方产生误解，认为你成心拿架子，不够朋友。

隐晦地拒绝是要表达自己的为难，让对方知难而退，拒绝时给别人留面子，往往也能成就我们的面子。

2. 失意人面前不谈得意事

生活中，不少人喜欢把自己的成绩挂在嘴边，逢人便夸耀自己如何能干，如何富有，完全不顾及别人的感受，甚至没有顾及当时的听者是不是正处于人生低谷。这样的人总以为夸夸其谈后就能得到别人的敬佩与欣赏，而事实上，很少有人愿意听你的得意之事，自我炫耀的效果往往是适得其反。

在一期《非诚勿扰》中，男嘉宾江晖一上场就表现出了超乎常人的沉着和冷静，令旁边的乐嘉也不禁感叹道："你是不是有什么特异功能啊？我发现无论场面多么大，只要你不想听的就跟听不到似的。"原来，江晖是一名"神枪手"，是中国唯一参加过实枪作战的射击运动员。

但是这位"神枪手"也有不得意的时候，江晖谈起了自己曾经失败的一次爱情，尽管脸上显现得依旧平静，但是从他的话语中，我们却不难看出他曾经有过的心痛。他说："我从小跟狗一起长大，养了几十条狗，我大部分时间都留给了枪和狗。我是一个很不会表达的人，前女友和我分手的原因就是嫌我从来不和她吵架。对于我来说，枪是灵魂，狗是兄弟，女人是我的脊梁骨。"

这时，作为节目嘉宾的乐嘉沉默了一会儿，放下了往日戏谑的口吻说道："我曾经见过几位射击运动员，我发现他们性格之沉稳实属罕见，脸上从来看不到大喜大悲，就像你这样，这样的男人都是好样的。"

失意的人最需要安慰，而一些大大咧咧的人感受不到对方失意的状态，还在继续描绘着自己得意的事情，这种低情商的表现无疑是在对方的伤口上撒盐。

小沈阳在小品里说："什么叫善良？别人的墙要倒了，我们没有能力去扶，但是我们不推就是善良。"说话也是一样，在失意人前谈得意之事就相当于雪上加霜，给对方带来更大的伤害。哪怕说这样的话是无心的，也要闭上嘴巴。

本来对方就处于一个失意沮丧的情绪中，我们要是再谈自己颇有成就之事就会有故意炫耀之疑，这很让人讨厌，对方的心情也会更加失落，还很有可能将反感和不友好转嫁给你，认为你故意在他面前说这些话，这就会影响我们的人际关系。

我们要懂得用"善"去照顾别人的心情，在说话间考虑到别人的感受。

面对从前失意时的老朋友的时候要注意自己的言谈举止，我们不恰当的一举一动很可能触发他们的自卑感，不要给他们带来一种"我现在比你们混得好"的失落感，这样会使我们失去更多的朋友。

失意的人总是最敏感，所以我们说话时，不管什么内容，都要注意别让他人产生自己被比下去的感觉。在失意人面前我们可以这样说："你不用放在心上了，这件事给我做的话也会做得很糟糕""我要是做同样的事情可能都没有你做得好""我上星期也把某事搞砸了"等，这样就会拉近我们之间的距离，虽然对方知道我们是在安慰，但是他们的心里也一定会感到温暖并且心存感激的。

刘墉在《股事名嘴换人做》一文中写了这样一个故事：

王经理、小张、小王、小邱等人一起炒股。刚开始的时候王经理每猜必中，所以其他人等把王经理奉若神明，大家一起向他看齐，王经理买什么，大家必跟定他。而王经理也因此故弄玄虚起来，说自己炒股获利完全得益于自己得天独厚的"第六感"。

可是，自从王经理在那次"演说"之后，每炒必亏，也夸不了他的"第六感"了。这自然引起了众人的质疑。质疑的结果是：以小张为首的众人成立了炒股"自救会"，集众人智慧炒股。而失落的王经理这边，只有小邱一人对他的态度依然如故。当炒股"自救会"收盘高呼时，独小邱与王经理黯然神伤，当炒股"自救会"举行庆功宴时，小邱独与王经理却在吃便当。

其实小邱并不是为了曲意逢迎上级，而是正确地运用了人性的"善"与"恶"，因为他不想看到王经理的"孤独"，所以他得到了王经理的信任与赏识，在王经理炒股因"血本无归，债台高筑"辞职后，成了下一任经理。

刘墉在《萤窗小语》里写道："失意人前，勿谈得意事。因为那只可能加重对方的落寞感，所以即使万事顺心，也要故意说些辛苦处给朋友听。"

有人也曾说过："不要在一个不打高尔夫球的人面前，谈论有关高尔夫球的话题。"失意的人总是最敏感，所以我们说话时，不管什么内容，都要注意别让他人产生自己被比下去的感觉。

从另一方面来说，交谈的话题，对方不曾接触，也不曾感受过，不免会使对方认为你是在自我夸耀，无视他的存在或鄙视他的无知，如此一来，就又疏远了彼此的距离。

有时候，我们觉得习以为常的一种表达，在对方看来就是一种炫耀，所有这种情况也要尽力避免。

高情商的人在任何时候说话都先考虑别人的感受，某句话是否会让对方很没面子，是否会揭开对方的伤疤，是否会让对方更加伤心，这些都是我们要注意的。

说话是一把双刃剑，良好的说话方式能够帮助我们赢得更多的朋友，而不好的言语则能让我们失去朋友。

所以，无论在任何时候，都不要去炫耀我们的得意，特别是在失意者面前，应尽量保持一颗平常心，对失意者多点同情和理解，说话随时考虑到对方的感受。

3. 直肠子害死人，转个弯效果更佳

心直口快不是美德，说话直来直去只会伤到别人。有人把心直口快当作坦诚的表现，高情商的人不会这样认为，说话诚实固然好，但是同样的诚实用不同的话说出来，效果就不一样。盲目的心直口快，可能会引起别人的误解，甚至有时还会引起纷争。

北宋时期的寇准，吃尽了说话过于直爽的苦头。《资治通鉴》记载了一个故事：一次会餐，寇准不小心使胡子沾了汤汁，丁谓站起来慢慢替他擦干净。寇准立即说道："你身为国家大臣，就是替领导擦胡须的吗？"丁谓认为这是对自己的挖苦讽刺，之后便全力诋毁寇准，并找到同样被寇准"讽刺"过的官僚联合起来，一起在皇上面前说寇准的坏话。最后连皇帝也觉得寇准不会讲话了，寇准政治生命也随之结束，一而再，再而三被流放，直至客死雷州。

寇准的悲剧，根源就是没有管好自己的口，说话太直。很多心直口快的人说话不过脑子，一些话说出来虽然本无恶意，但是在听者看来就受到了侮辱。比如直言提醒别人的缺点和毛病，比如，某人说错一句话，你就直言提醒："哎，你说错了。"

在大庭广众之下这种话丝毫不给别人留面子，尽管他确实是错了，但是每个人都需要面子的，即便是提醒也要委婉些，所谓忠言逆耳，如果我们总是在指出别人的错误，是不是会总让人难堪？

所谓心直口快，心直从来都是优点，心直是君子之心，以诚待人；但是口快则是缺点。随意指出别人的缺点、开别人的玩笑调侃别人等做法，是不理解别人的感受，也不顾别人的心情，只"想说就说"，虽然出发点是好的，但因说话不注意方式方法，往往所说的话，让别人听起来非常刺耳，感觉很不舒服，结果往往得不偿失。

说话难听，一次两次还可以理解成心直口快，如果次次如此，只能说明这个人情商低。现代著名诗人柳亚子的诗文很受人们的欣赏，虽然他的书法流畅奔放，但却很潦草，甚至让人看不懂。

有一次柳亚子邀画家辛壶来观诗文并让他给出评价。辛壶实在认不全柳亚子的狂草，于是就委婉地说："先生真是才思敏捷，意到笔不到呀。"

辛壶的含蓄，风趣，确实让人佩服呀，他不但巧妙地点出了柳亚子先生的不足，又不损他的尊严，赢得了柳亚子的认可。

有些人人际关系不好，可是自己并无大过错，也与人认真交流，可是大家好像都躲着他们，不愿意和他们交朋友。那他们应该想一想是否出于自身的原因，有些话随便脱口而出，惹到对方而不自知，时间久了大家都不愿意跟他们接触。

这就是过于心直口快的问题所在，说话不过脑子就容易得罪人，要知道有些人是很敏感的。

沈婉莹是一家公司的中级职员，她的心地好是大家公认的，可是她一直升不了职，和她同年龄、同时进公司的同事不是外调独当一面，就是成了她的顶头上司。另外，别人虽然都称赞她"人好"，但她的朋友却并不多，不但下了班没有"应酬"，在公司里也常独来独往，好像不太受欢迎的样子……问题就在于沈婉莹说话太直了，总是直言直语，不加修饰，于是直接或间接地影响了她的人际关系。

其实，很多事情的解决可以通过绕道而行。就比如我们说话的时候，如果懂得兜圈子，或者从相反的方面来说的话，可能别人就比较乐意接受。这样往往可以起到"化干戈为玉帛"，并增进友谊和团结的作用。

说话爱直来直去的人做人太简单。直语易伤人，何不绕个弯说呢？同样的表达，同样的目的，绕一个弯儿就能圆满，就能让对方听得很舒服，何必弄得目的达不到还得罪了对方呢？我们通过各种事例不难看出，事实上，喜欢直话直说的人往往不受大家欢迎。有些话别人不爱听，但出于责任或者义务，你又非说不可。这时候，让舌头绕个弯再把话说出来，就是最佳的方法了。

说话除了追求坦诚，更注重委婉，高情商的人说话总会拐点弯，同样的内容，掌握了语言的艺术，力求达到曲径通幽的效果，让对方更易接受。

4. 情商高的人能让批评悦耳动听

说起批评，很多人都有过被批评和批评别人的经历，被批评时滋味不好受，可能还会感到颜面扫地。懂得了这一点，我们在批评别人的时候就应该明白，对方的心里也不好受，所以情商高的人会把批评的话说得合理恰当，甚至悦耳动听，让对方听得进去批评，又感激我们，而不是怨恨我们。

有一天，美国著名钢铁公司总经理查尔斯·斯科尔特巡视工厂，他路过旗下的一家钢铁厂时，看到几个工人在午休期间抽烟，而工人们的头顶就悬有一块大牌子："禁止吸烟。"很明显工人们选错了地方。

斯科尔特并没有像一位霸道的经理一样，大叫着："你们难道不认识字吗！"他慢步走过去，给每个工人递上一根上好的雪茄，然后说道："各位，如果你们可以到外面去抽这些雪茄，我将感激涕零。"

工人们都羞愧地跟斯科尔特道歉，表示自己违反了规定，下次一定改掉，他们在心中更加敬重这位总经理了。

批评的艺术中，并不只有大声呵斥这样一种方式，有时候批评也可以很"含蓄"。直来直去的批评往往会让我们得罪人，尤其在工作中与同事相处，或者是当一个小负责人批评跟自己关系很近的下属，语气稍一严厉，对方就面子上过不去，心里满是不服，这样对工作和人际关系都埋下了隐患。

对于有错的人如果过分地严厉指责，可能会得不偿失，所以，如果对方的错是无关痛痒的小问题，那就不要急于开口批评，想到合理的措辞和谏言方式再开口。

一般来说，在有第三者在场的情况下，即使是最温和的批评也会让对方觉得没面子而愤怒，不论你的批评正确与否，他都会感到你的批评使他在别人面前丢脸。"含蓄"不仅是一种巧妙和艺术的表达方式，而且还是一种让他人和自己都能保有尊严的表达法。学会用合适的语句代替"批评"，看似漫不经心，实则非常犀利。

生活里当面指责他人，只会造成对方的不满，即便是对方有错在先。无论你是想劝诫朋友改错，还是公司高管教育员工，都要掌握点到即止的方法，灵巧而高明地暗示对方注重自己的错误，如此则会受到员工的爱戴。你可以运用欲贬先扬的方式，先称赞对方的优点，再提出对方需要改进的地方，比如对下属或者同事说："大家这段日子都很辛苦，工作很认真，做得很不错，但是如果在此基础上，让业绩再上几个百分点就更完美了。"

美国著名实业家玛丽·凯什说："不管你要批评的是什么，都必须找出对方的长处来赞美，批评前和批评后都要这么做。这就是我所谓的'三明治策略'——夹在两大赞美中的小批评。"

美国著名的女企业家玫琳凯很善于运用对事不对人的批评法则。她说："批评应对事不对人。在批评前，先设法表扬一番；在批评后，再设法表扬一番。要力争用一种友好的气氛开始和结束谈话。如果你能用这种方式处理问题，那你就不会把对方激怒。我看到过这样一些经理，他们对某件事情大为恼火时，必将当事人臭骂一顿。这是毁灭性的批评，而不是建设性的批评。人的自尊心有时很脆弱，都希望受到表扬而不希望受到批评。"

一般说来，人都有爱听赞美话的习性，而在受到别人的批评时，又有怕别人损害自己利益的担心。所以这种"三明治"批评法能够很好地调节被批评人的情绪。松下幸之助也属于在训斥的同时又加以赞美的这种类型，他在训导时常说："连你也这样干吗？""正因为是你，我才这样训你的"。这样对方虽然是挨了训，但心里是高兴的，因为他认为自己是松下器重的人。

这种批评方式能够让下属放轻松，用赞美的话语冲淡批评的苦涩，使得下属易于接受，避免冲突。这就是一种使对方能更好地接受批评的办法，在批评中夹带着赞美，或者把批评的口气弱化，让对方更加容易接受我们的批评。

5. 朋友的秘密，到自己这儿就是最后一站

有话不能乱说，其中很重要的一点就表现在能够替别人保守秘密上。生活里，有时候会有酒后吐真言的情况，朋友、同事在醉酒中把自己的秘密透露给我们，或者我们无意中发现了某个朋友的隐私。无论是别人有意告诉我们的还是无意间发现的，对这些事情，我们都不能毫无顾忌地告诉别人，否则就会落得一个交情尽散的后果。

马克思与诗人海涅之间的关系非常亲密，彼此都对对方的思想非常了解，有时候在聊天的时候，只要对方说了一半，另一方就会心领神会。海涅在当时写下不少优秀的诗篇，一有了新作，他就会在晚上到马克思家中去朗诵，征求他的意见。于是，马克思和燕妮就和他一起为新作加工、润色，但直到海涅的诗作在报章上发表之前，马克思从不在别人面前说起他曾帮海涅修改诗的事情。海涅也为马克思的这种替朋友保守秘密的行为而感动。

能够替朋友保守秘密是一种美德，能守口如瓶是一种说话的节制。朋友之所以把秘密告诉我们，那就是基于对我们的绝对信任，希望我们能为他分忧解难。如果转过身去就把这秘密公之于众，或者耐不住寂寞，所谓地只告诉一个人，事实上秘密还是会传播开来。这就是对朋友的背叛，也撕掉了友谊之中的信任。

秘密、隐私被传播的人会陷入一个极为尴尬的境地，甚至可能给当事人带来极大困扰和精神方面的压力。哪怕是在无意中向别人透露了朋友的秘密，那也是对自己要求不够，嘴上没有把门的。真正懂得说话的人在说每一句话之前都会考虑下，这句话说出口是否得当，这样就能够有效地拦住脱口而出的秘密。

朋友的秘密被泄露出去，那可能是道歉也无法挽回的了。我们会失去朋友，其他人也会引以为戒，再也不会向我们透露任何交心话，失去别人对我们的信任，成为"孤家寡人"。每个人都有点小秘密，如果你有幸成为这个秘密的听众，即使对方没有叫你保密，你也不能将之作为茶余饭后与别人的谈资。那是对朋友最大的伤害，你会从此失去他对你的信任，而你们之间的关系当然也不会再回到以前那种无话不谈的地步了。

李雪莹在公司向来与她的好朋友赵晓宁无话不说。一次，李雪莹对赵晓宁说了一个她从来不曾对任何人开口的秘密：其实自己的大学学历是假的。李雪莹说，由于当初自己只顾着玩儿，所以学习一塌糊涂，最后大学也没考上。但如今没有文凭太难找工作，于是家里人就托人帮自己弄了一个假的大学文凭。赵晓宁听后坚决地说一定替她保守秘密。

在公司，李雪莹和赵晓宁的能力都不错，实力都很强，老板有意提拔她俩。在快到年度选任销售经理的时候，两人业绩也旗鼓相当。但就在选任开始的前一个星期，公司就开始流传李雪莹用"假文凭"的事情。由于大家对她的印象大打折扣，销售经理的位置被赵晓宁夺得。

李雪莹最终也知道了这是赵晓宁搞的鬼，从此不再理会赵晓宁，没过多久，李雪莹觉得过于难堪便离开了公司。

换位思考一下，我们自己心中的小秘密和隐私平时都要藏着掖着，就算讲也要讲给自己认识多年最信任的朋友；可是这位朋友第二天就把这秘密公之于众，还一副不以为然的样子，且不说对我们造成了多大困扰，我们以后还会跟对方交心吗？自然不会，因为信任就像一张纸，团成一团儿再展开，也将满是褶皱。

美国著名总统罗斯福曾就任于海军，有一天一个好朋友跟他聊天，问海军在加勒比海建造基地的事。这件事情是不能公开的，但是好朋友的要求又很强烈，罗斯福这样回答道："你能对不便外传的事情保密吗？"朋友立即说能，罗斯福说："那么，我也能。"

秘密不可出口，出口也就不成秘密。为别人遵守秘密，必将赢得他人的尊重。

朋友之间的相处之道，最基本的就是尊重和信任。如果你知道朋友的隐私，最好是把它从记忆中抹掉，至少也要把好嘴巴这道关口，为他保守秘密。高情商的人懂得对哪些事守口如瓶，赢得朋友的信赖。

6. 传达不太好的消息时要渗透着说

有时候，我们必须向别人传达一些不太好的消息，如对方亲人去世的消息、对方被解雇的消息等等。在这种时刻，如果不讲究语气和方法，很容易给对方带来二次伤害。所以高情商的人会在传达坏消息时慢慢渗透着说，让对方一点点接受。

林平忙碌了一年，终于到年底了盼着做好最后几天工作，就能拿着丰厚的年终奖回家过年了。可就在这天，林平突然接到合作了很久的商会电话，里面说商会里的 10 家超市年后要停止从林平所在公司进货。

林平负责销售项目，这个消息无异于晴天霹雳。他要立即向老板汇报，可要如何开口呢？在走向老板办公室的途中，同事们都沉浸在即将放假过年的喜悦气氛之中，敲门进入老板办公室，老板也在与一位合作伙伴谈笑风生。

老板说："小林呀，有事吗？来，坐下说。"

林平一咬牙喊道："老板，不好了！合作的商会跟我们解除合作了！年后我们可能要面临揭不开锅的局面了。"老板的脸色如霜般冰冷，对林平说道："知道了，你出去吧。"

林平还在说："老板，那我们怎么办？这事影响太大了。"

老板怒道："让你出去听不见吗？我正跟客人聊天呢！"

林平一直没明白，老板为何冲自己发火，这件事又不是他搞砸的。问题就出在林平的言辞不当上。

林平第一句话"不好了"就强化了坏消息的负面影响，再加上林平让老板在客人面前颜面扫地，不对林平发火才怪。林平完全可以通过自己的口才，让表达变得更加轻松。

传达坏消息时，需要一些技巧。有一位教师，他对成绩退步的学生说："实在难以置信，你考这样的分数。这不是你的真实水平。"这样，同学一定会对自己产生更高的期望，在下次考试中取得好的成绩。

对于一些心理脆弱的人，更要小心谨慎，甚至可以多找几个人来配合，用时间来传达坏消息，让对方在慢慢领悟中接受。我们可以采取渐次渗透的方法，一次比一次多地把坏消息透露过去，在这样一个过程中使之增强承受力。最后把实情说出时，对方就不会感到突然了。

有一位年近70的老妇人，她有四个儿子，小儿子是一个消防队员，一直在外地工作、生活，并且娶妻生子，他每年回来看望母亲一次。

有一年，小儿子在一次救火中牺牲了，大家考虑到母亲年迈，就没把这个消息告诉老妇人。

她的儿媳在传达这个不幸的消息时说："他扔下我们母女两人出国了。"

村里的人虽然知道，但都把这个消息封锁起来，没有一个人向她透露。

每年过年的时候，她都会问其余的几个儿子："他什么时候回来啊？"几个儿子把自己捏造的信读给老妇人听，老妇人一次次地都相信了。

许多年过去了，老妇人渐渐地也不再关注小儿子了，她已经渐渐地明白，儿子已经不在了，要不为什么能出国，却不能回来看望自己的母亲。可是她已经适应了没有这个儿子的生活。

有一次，一个村民故意试探着问她："你的小儿子现在做什么工作啊？"老妇人很镇定地说："不在了。"

对于神经十分脆弱，已经经不起刺激的人，传达不幸消息应该采取长时间回避真情的方式。让他们在时间的消磨中，习惯于失去这个亲人的生活，自己渐渐地悟出真相，以减少不幸的发生。

可以用开玩笑的口吻把坏消息表达出来。遇到必须讲一些难以启齿的话的时候，如果直接说，很可能引起对方的反感，或者让对方产生不快。这时不妨以委婉的方式表达，既不伤害到对方，自己的心理也不会有很重的负担。

比如，同事吃饭声音太大，不要当众当时指出，而是私底下嘻嘻哈哈地说："吃饭声音太大可不雅哦！"

第一，切忌慌张。

在传达坏消息时，我们自己永远都要保持一个镇定的态度，说话前整理好思路，掌握好节奏，不要把慌张、焦虑、害怕等情绪带到话语里去，能够很好地缓解对方的负面情绪。

第二，注意察言观色。

传递坏消息，最好在私下的场合说，不是每个人都有高度承受能力，有些人在大庭广众下听到很坏的消息容易一下子就崩溃。看清场合也能给对方留点面子。

第三，多使用积极词语。

在不脱离事实的情况下，多使用一些积极的语句，比如把"我们不能"换成"我们能做的是"，把"如果当初不"换成"以后我们将"等等。这样传递出一种共同承担责任与艰难的态度，让对方有一个心理安慰。

第四，先打预防针。

不要上来就把坏消息的结果告诉对方，先慢慢渗透，告诉对方有一个坏消息，关于某人或者某项目，让对方先有一个心理准备。对方有所准备后，我们再一步一步地讲出实情，并给予安慰的语言，帮助其稳定情绪。

7. 要用幽默的方式表达自己的不满

在人际交往中，常常让我们遇到不满的事情，或者面对别人提出的无理要求，我们要表达出自己的不满，这需要一定的技巧。表达不满不是发火，更不是对别人冷嘲热讽，而是用一种轻松的方式提醒对方。

1952 年，正在苏联访问的美国总统尼克松将去苏联其他城市访问。苏共总书记勃列日涅夫到莫斯科机场送行。正在这时，飞机出现故障，一个引擎怎么也发动不起来。机场地勤人员马上进行紧急检修。尼克松一行只得推迟登机。

勃列日涅夫远远看着，眉头越皱越紧。为了掩饰自己的窘境，他故作轻松地说："总统先生，真对不起，耽误了你的时间！"他一面说着，一面指着飞机场上忙碌的人群问："你看，我应该怎样处分他们？"

尼克松却笑着说道："应该提升他们的官职，要不是他们在起飞前发现故障，飞机一旦升空，那该多么可怕啊！"

幽默能够很好地把不满这种敌对情绪冲淡。职场、聚会中最容易与陌生人发生摩擦，在表达不满时如果态度强硬，难免落得个"小心眼"的名声；可如果放任对方不管，往往伤害的是我们的利益，所以在表达不满时添加一些幽默的元素，可以很好地让对方警醒，又留下我们宽容乐观的风度。

鲁迅先生表达不满的方式很有意思，有一次他给一家报社寄去了文章，寄回来的稿费少了一些，对方解释说标点符号不算入在内。鲁迅没说什么，下一次再给报社写稿的时候，他寄去了一份没有标点符号的文章，对方报社的编辑亲自来找鲁迅道歉，表示让鲁迅把标点符号加上，同时他会如数计算稿费。

这就是一种幽默的表达不满，心里有气却不明说，用好玩的方式提醒对方。一些聪明的人，用诙谐的语言表达自己对别人的批评，表面上是玩笑话，实际上却表达了自己的不满，这样的方式无疑更能让对方接受。

齐国晏子出使楚国，在楚国城门前，有两座大门紧闭，士兵让晏子走旁边一个很小的门，晏子说道："好吧，出使狗国走狗洞，合情合理。"士兵听后立刻打开了大门，迎接晏子。

因身材矮小，晏子在朝堂上被楚王嘲讽："难道齐国没有人了吗？"晏子说："齐国首都大街上的行人，一举袖子就能把太阳遮住，流的汗像下雨一样，人们摩肩接踵，怎么会没有人呢？"楚王继续揶揄道："既然人这么多，怎么派你这样的人出使呢？"晏子回答说："我们齐王派最有本领的人到最贤明的国君那里，派最没出息的人到最差的国君那里。我是齐国最没出息的人，因此被派到楚国来了。"

这几句话说得楚王面红耳赤，向晏子的雄辩致歉。

面对领导，表达不满更加不容易，说重了惹领导生气，影响我们的职业生涯；不说吧，我们又心里难受。运用有技巧的幽默完全可以使领导知道我们的不满，也给领导留了面子。"领导，怎么布置了这么多工作呀""工作好几年了，这工资涨得可真慢呀"这样的话千万不能跟领导说，在领导看来这是在挑战他的权威，让他没面子，自然不会给我们好果子吃。

对工资不满意，我们可以用轻松、开玩笑的语气，在一个非正式场合跟领导说："领导哇，再不涨涨工资家里都要揭不开锅了，您一句话的事就救我一命啊。"这句话既好笑又暗中捧了领导，相信领导会很高兴地明白我们想要涨工资的请求。

对加班多不满意，我们可以在老板布置任务的时候，说上一句："看看外面下大雨呢，领导这是心疼我们，现在出去就被雨淋，还不如安心工作等雨停再走，是不，领导？"这样的调侃也能被领导所接受。

对职位调动不满，我们也可以找领导谈谈心，不用说职位调动的问题，而谈一些"日后会继续努力，现在能力还不够"等话，领导就会明白我们的良苦用心。

一个高情商的人懂得把不满藏于幽默之中，把很容易引起矛盾的话变得动听，让所有人都很容易接受。

8. 闲聊也别口无遮拦，避免话不投机

有人把闲聊看得很轻，觉得就是随便聊几句，说什么都可以。这种想法就错了，有的人闲聊能聊得很开心，最后朋友越来越多，而有的人则说上几句话，对方就不爱回应，慢慢远离。闲聊一怕没有话题，二怕话不投机。找话题就找对方感兴趣的，为了避免话不投机，首先要做到的就是不发表过分意见。

有的人口无遮拦，习惯对很多事情评头论足，这样很容易表达出与对方相反的观点，这就导致话不投机。比如跟女孩看一场电影出来，你对里面的男演员大肆评价，说什么演技差之类的，对方却冷冷地回应你，因为对方正是那位演员的粉丝。

再比如，两位男士相见，其中一个讲起自己球队的光辉历史，并顺带鄙视了同城死敌，而另一位正是这同城死敌的球迷，这都不光是话不投机了，发生冲突都是有可能的。

所以我们面对任何事物的时候，都别急着口无遮拦地发表意见，对任何事都抱持一个保留的态度，这样很容易避免与对方产生对立。

明朝开国皇帝朱元璋，出身低微，小时候非常穷苦，曾经给大户人家放牛，甚至为了填饱肚子还当过和尚。后来机缘巧合，再加上自己的才干，成了一代开国皇帝。

他当了皇上以后，他儿时的一位朋友得知了这个消息，决定来参拜朱元璋。朱元璋非常想念这个儿时共过患难的好伙伴，但是又怕这个伙伴目不识丁，在金銮宝殿上口不择言，闹出笑话。但是不见吧，又怕别人说自己不念旧情。最后思量再三，朱元璋决定还是见见他。

金銮殿上，朱元璋的那位朋友一看到朱元璋，忙跪拜大呼万岁，说道：

"吾皇万岁，当年臣随驾扫荡庐州府，打破罐州城，汤元帅在逃，拿住豆将军，红孩儿当关，多亏菜将军。"朱元璋听后，觉得他说的很有内涵，也知道他在表达一件他们童年的往事，心中感慨万千，当即重重赏了这个人。

朱元璋的另一位儿时的朋友得知这个消息之后，也去拜见朱元璋。

他见到朱元璋以后，生怕朱元璋忘了自己一样，手舞足蹈地说道："我主万岁，您还记不记得，那时咱们几个一起给地主放牛，有一次我们偷了许多豆子，跑到芦苇荡里，用罐子煮着吃，谁想到还没煮熟呢，人家就追了过来。当时你就很着急，就要吃豆子，结果手忙脚乱地把罐子打破了，洒了一地的汤，你只顾着从地上抓豆子吃，不小心被红草叶卡住了喉咙，当时是我给出的主意，给你找了片青草叶子吃下去，你才转危为安的。"

当时朝堂之上，文武百官在列，这让朱元璋很没面子，他顿时火冒三丈，怒喝道："这是哪来的疯子，给我拖出去，斩了！"

同样是一起放牛的伙伴，然而一个被重重封赏，一个却被砍头。原因就是一个人说话的时候注意言辞，而另一个人说话的时候却口无遮拦，导致朱元璋颜面无存。

在生活当中，我们的言语应该谨慎一些，可能不经意的一句话，就会把别人惹恼。像是不经过大脑一样，想到什么就说什么，几句话就能搞得不欢而散。

闲聊是有技巧的，不问女性年龄，不问男性收入，这是最基本的。口无遮拦的人往往会因为这些没礼貌的话得罪很多人，比如人家不愿意谈论家庭方面的隐私，你却一个劲儿地追问，根本没注意到对方脸上不快的神情，自然就没法聊下去。

闲聊不在于说什么，在于怎么说。有些人闲聊永远都是"老三样"："你叫什么""你是哪里人""你做什么工作"。这种闲聊很容易"遇冷"，为了避免话不投机，可以改变一种方式。如"你是不是在国外留过学"改成"你一定在国外留过学"，因为如果是第一种问法，对方的回答基本上都是"有"或"没有"，除此之外很难再说其他了。但是采用第二种问法，对方就可能很惊讶地问"你是怎么知道的""你怎么这么说""那你说我在哪国留学"等。

尽管在聊很普通的话题，但是好的闲聊方式可以让双方都很舒服，对方不需要担心我们突然问出难以回答的问题，整个过程都在一个轻松愉悦的气氛中。

一个高情商的人在开口前会仔细考虑该不该说这句话，会考虑到对方的学历、性格等方面，再把话说出口，宁可没话题也不会因为口无遮拦而搞得气氛尴尬。

第五章

求人的话，带着感情和利益去说

　　有的人较感性，有的人较理性，在与对方沟通的时候常常难以捉摸对方到底是哪一种，所以聪明的人在求人的时候会用"情"与"理"双管齐下。动之以情，晓之以理，感性的人会被"情"打动，理性的人会被"理"说服。

1. 恰当吹捧对方好办事

提到"吹捧"，很多人可能会联想到电视上那些溜须拍马的奸臣，他们善于阿谀奉承，令人讨厌。尤其很多年轻人心高气傲，绝不屑于这种吹捧。其实在人际交往中的"吹捧"，并不是过分的拍马屁，把白的说成黑的，而是根据对方实际，适当地抬高对方的自我感觉，将对方的长处展现出来。

会捧人是一种智慧，在为人处事的时候，不妨运用一下这个技巧。求人办事时，为了拉近彼此间的心理距离，增加彼此感情，恰当吹捧几句，对方心里高兴，就很好办事。

林语堂的《京华烟云》中，有一段描写的是女主人公姚木兰为了救妹妹的丈夫、自己的好友孔立夫，只身前往军阀官邸说理。

孔立夫因为被人告发，被军阀官兵抓进监狱，之前各种办法都试过了，就是无法救出他。聪明勇敢的姚木兰决定瞒着家人直接去找司令求情讲理。

在这之前，有一个军阀的司令扣押了一个人，那人的妻子前去讲理，却因为军阀司令起了色心，而受到了侮辱。姚木兰前去本是有危险的，可是她非常聪明，知道自己该说什么。她先说明自己的来意，司令一听，就让自己的卫兵出去了，还把屋门关上了。

姚木兰非常害怕，但是她迅速地镇定了下来，先是娓娓道来孔立夫被抓的原因，是因为仇家故意陷害，而非真的犯了罪。又提到她之所以前来，是因为她认为司令是一个英雄人物，而不是像那个侮辱人妻的司令一样的败类，她相信司令一定能够明辨是非，为老百姓做主，释放无辜受冤的人。

姚木兰适当的吹捧，让这个本来不安好心的司令顿时觉得自己高尚起来，最后这个司令不但没有为难姚木兰，还一纸赦令将孔立夫放了出来。

人都希望被夸赞，被欣赏，都希望被人高看一眼，善于利用人的这一心理，在别人可以接受的范围内恭维几句，你想办的事情就能够顺利地进行。这不是拍马屁，更不是夸大，但要注意以客观事实为根据，恰到好处。比如老师赞美学生，让他们更进一步；员工赞美领导，深得领导欢心。适当的吹捧、赞美可以迅速拉近双方距离，同时让对方心里高兴，这时候再提些要求也容易实现。

捧什么人，在什么场合捧，怎么捧，捧什么，都有很大讲究。要记住的是，赞美是说给人听的，赞美物件时，必须与人挂上钩，如果你只是称赞东西有什么特色，是无法突出对人的赞赏的，要紧紧盯住对方的知识、能力和品味进行称赞。

当我们到朋友家里做客时，看到客厅墙上有一幅山水画，我们往往会情不自禁地赞许道："这幅画真不错，给这客厅平添了几分神韵，显出了几分雅致，谁买的？眼力可真好！"也许，这句话只是我们不经意间随便说出来的，但我们的朋友会感到很欣慰，心中的滋味一定很不错。

和新朋友的初次接触也可以这样。一番寒暄过后，身旁的一切都可以成为恭维的话题。可以对接待室的装潢设计赞叹一番，还可以具体地谈及桌上、地上或是窗台上的花卉或盆景等，这些花卉和盆景造型如何新颖独特，颜色、亮度等又是如何搭配得当，甚至还可以对它们的摆放位置也赞美一番。

这些吹捧都是在为我们提出要求做铺垫，当对方被我们吹捧后，正满心欢喜时，又怎么好意思拒绝我们的要求？

金羚是一名售货员，她不管到哪里，卖什么，业务量都特别好，原因就在于她会吹捧，顾客在她的"花言巧语"之下被恭维得心里舒服，就买下了东西。

起先她卖童装，她知道不论哪个家长，都觉得自己家孩子是最好的，夸孩子几句，家长自然高兴。看见个小女孩，就说："这女娃身形真好，打小就练舞蹈的吧？换哪件衣服都好看。"看见个小男孩，就说："这孩子虎头虎脑的，看这眼睛就知道聪明得很。"自然，家长们心里高兴，大多都把衣服买下了。由于她说话对心，销售量自然就是最高的。

说话要说到点子上，更要说到人的心里，适当的吹捧能让人放下戒心，心理得到满足，自然乐于帮你办事。高情商的人懂得用几句吹捧、赞美让对方高兴，他们能把握好吹捧的度，让人听上去觉得舒服、高兴，而不是觉得假，一听就像是在拍马屁。吹捧之词不用华丽，也不用说太多，到位的吹捧有时候一句话即可，就能达到让对方心甘情愿帮我们办事的目的。

2. 情商高的人懂得诚恳是最有说服力的语言

说话虚头巴脑、虚情假意是不会被认可的。态度决定一切，说服他人也不例外。为了让对方尽快地接纳自己，听从自己的意见，最重要的，就是让对方很快地感受到你的诚恳态度，这才是最完美的说服方法。

宋代名相晏殊有过这样一段故事。当时北宋文化、经济极为发达，每到假日，京城里的大小官员、平头百姓都会外出游乐，但是晏殊当时官职不高，家中也很贫穷，他连普通老百姓都不如，根本无力出去玩乐，只好在家里闭门读书。

有一次，宋真宗点名要晏殊担任太子老师一职，许多大臣都不理解。宋真宗解释道："近来群臣经常出门游玩饮宴，唯有晏殊每天读书写文章，如此自重谨慎，难道不是最合适的人选吗？"众大臣都点头佩服。

晏殊得知后连忙赶到京城谢罪，他解释道："其实我也是个喜欢游玩的人，但因家里贫穷无法出去。如果我有钱，也早就去参与宴游了。"

宋真宗听后，没有对晏殊产生厌恶，反而更加赞叹晏殊说话的诚恳，对他也更加信任。

说话如果只追求外表漂亮，缺乏真挚的感情，开出的也只能是无果之花，虽然能欺骗别人的耳朵，却永远不能欺骗别人的心。著名演说家李燕杰说："在演说和一切艺术活动中，唯有真诚，才能使人怒；唯有真诚，才能使人怜；唯有真诚，才能使人信服。"

在一些我们可能要选择说谎的时候，不如诚恳些，用诚恳的语言去打动对方。1858 年，林肯在一次竞选辩论中说："你能在所有的时候欺骗某些人，也能在某些时候欺骗所有的人，但你不能在所有的时候欺骗所有的人。"如果你能用得体的语言表达你的真诚，你就能很容易赢得对方的信任，与对方建立起信赖关系，对方也可能因此喜欢你说的话，并因此答应你提出的要求。

一个诚恳的态度首先要有语言上的恭敬，说话诚恳的人永远都对别人保持着最大的尊重，礼貌用词一个不少。这样做的好处是，即使对方不完全赞同你的观点，也不会影响到他对你个人的看法。有些人只要用诚恳的态度和他交谈，他就会推心置腹地将心里的话都表达出来。了解了对方的想法，你说服对方就有了更好的切入点。

想要寥寥数语打动人心没有任何技巧，但是每个人都可以做到，只要说的话充满真情实意。真诚的语言虽然是朴实无华的，但却是最感人的。

有家电视台播放过一个节目，中国女足在一次足球赛上获得较好的名次后，记者向运动员问道："你们得了亚军后心情如何？你们是怎么想的？"其中一名运动员不假思索地回答道："我想最好能睡三天觉！"

这样的回答让人有些出乎意料，但它质朴、没有任何修饰成分，全场顿时爆发出一片赞许的笑声和掌声。如果这位运动员"谦虚"一番，讲一通"我们还有很多不足"之类的话，可能就没有如此强烈的反响了。

1991年11月，中国电影的最高奖"金鸡奖"与"百花奖"在北京同时揭晓，当天，著名演员李雪健因为主演《焦裕禄》里面的焦裕禄，同时获得这两项大奖的"最佳男主角"奖。拿了奖的李雪健在发表获奖感言时，只说了两句话，他说道："苦和累都让一个好人——焦裕禄受了；名和利都让一个傻小子——李雪健得了。"话音刚落，全场掌声雷动。

李雪健虽然只说了不到30字的获奖感言，但却非常具有感染力，言语中既歌颂了焦裕禄的高尚品质，又体现了自己谦虚的品质，淳朴实在，给人以深刻的印象。

与人交谈，贵在真诚。有诗云："功成理定何神速，速在推心置人腹。"只要你与人交流时能捧出一颗恳切至诚的心，又怎么能不打动别人呢？只要你是真诚的人，说真诚的话，哪怕说得再少也具有分量，具有让人信赖的品质。所以，话不在多，关键在于能掏心掏肺地说句真诚的话，尤其在如今这个社会上，这样的人已经不多了，不过这样就愈加显得珍贵。

所谓诚恳是指要让被请求者感到你是发自内心地求助于他，从而重视你的请求。这是求人成功的先决条件。求人说话必须说动人心，诚恳、礼貌地勾起对方要帮助你的欲望。诚恳无须华丽的辞藻，无须多变的技巧，只是本着一颗原原本本坦诚的心，还有什么比袒露真心更能够打动别人呢？求人办事，拿出你的诚意，用诚恳的态度说服对方，是最朴素，也最直达目的的说服方法。

3. 运用"心理共鸣"，让对方认可你

所谓心理共鸣，是指运用心理学中"情感共鸣"的原则，归纳出来的一种说服方法。通过让对方产生心理共鸣的话，展开内心的接触与交流，和不熟悉的人，或有对立情绪的人进行谈话时，可以经常使用此方法。

伟大的科学家伽利略年轻的时候立志科研，他希望得到父亲的支持和帮助。伽利略对父亲说："父亲，是什么原因促成了你和母亲的婚事？"

父亲说："因为你的母亲非常吸引我。"

伽利略："那你有没有想过娶别的女人？"

父亲："绝对没有，我已经对你的母亲钟情，家里人曾让我娶一位富家小姐为妻，可是我不为所动。"

伽利略："父亲，我已经 18 岁，我对科学也已经钟情，除此之外我没想过任何事情，就像您对母亲的感情一样。我想继续读书，我一定能够成为杰出的学者，甚至成为伟大的科学家。最重要的是我钟爱科学一生，内心无比的热情都要献给科学。"

父亲："可是家里没有钱供你上学。"

伽利略："父亲，优秀的学生会得到奖学金，我的老师也在劝我不要放弃学业。"伽利略最终说服了父亲，完成了学业，最终成为一名伟大的科学家。

伽利略之所以能够说服自己的父亲，是因为他巧妙地运用了"心理共鸣"的方法，他先询问父亲对母亲的感情，再把自己对科学的感情类比，让父亲体会到自己对科学的执着。想要别人认同你，对你产生同理心，继而帮助你，就要学会运用"心理共鸣"。

简单来说，就是让对方感同身受。比如向别人借钱之前，先描述一番自己窘迫的状况，这就是在寻求心理共鸣，让对方体会到我们没钱的为难，借钱的成功率就变高了。再比如当我们寻求帮助，先跟对方讲自己的艰难之处，对方听了可能就动了恻隐之心，答应帮助我们。

林肯曾说过："我展开并赢得一场议论的方式，是先找到一个双方的共同点。"俗话说得好，"酒逢知己千杯少，话不投机半句多"。所谓共鸣，可以消除对方的对立情绪，赢得对方的信任，营造融洽气氛，从而为你的说服铺平道路，使对方在心理上愿意接受你的劝说或主张。

在日常的交涉中，人们很难在一开始就产生共鸣，往往必须先找到对方与你交谈的兴趣，经过一番深刻的对话，才能让彼此更加了解。当我们尝试说服他人、对另一人有所求的时候，这样的论点也同样适用。最好先避开对方的忌讳，从对方感兴趣的话题谈起，不要太早暴露自己的意图，让对方一步步地赞同你的想法。当对方跟着你走完一段路时，便会不自觉地认同你的观点。这个说服的方法就是"心理共鸣"法。

有一位推销业务员去一家公司销售打印机的时候，偶然看到这位公司老总的书架上摆放着几本关于金融投资方面的书。刚好这名业务员对于金融投资比较了解，所以，就和这位老总聊起了投资的话题。结果两个人聊得热火朝天，从股票聊到外汇，从保险聊到期货，聊人民币的增值，聊最佳的投资模式，结果，聊得都忘记了时间。

直到中午的时候，这位老总才突然想起来，问这名业务员："你销售的那个产品怎么样？"这名业务员立即抓住机会给他做了介绍，老总听完之后就说："好的，没问题，咱们就签合同吧！"

从这位业务员的成功案例，我们可以看出，要想获得与对方的共鸣，你可以从对方的兴趣点着手去说，人总是希望自己的兴趣能够得到别人的认可。你也可以采取适当的赞美缩短双方的心理距离。这也是寻找心理共鸣的一种方式，让对方产生"你与我是同一种人"的感受，这样就能够实现更深入的沟通。

只有在了解了对方的心理和情感的基础上，才有可能正确地选择该讲什么、不该讲什么，使对方与你产生共鸣，使说话的气氛变得轻松愉快。说话发自内心，才可以感染人。语言真诚，即使几句简单的话，也能引起听众的强烈共鸣，不愁对方不认同你。

管理心理学中有句名言："如果你想要人们相信你是对的，并按照你的意见行事，那就首先需要人们喜欢你，否则，你的尝试就会失败。"因此，我们要想让他人认同自己，首先要学会把对方当成自己人，当作知心朋友一样，这样对方才会信任你。

4. 情商高的人，关键时刻会说软话

情商高的人不会跟对方争个你死我活，非要对方同意自己，一旦遇到双方争执不下的情况，就会选择搁置争议，或者暂时同意对方的做法。关键时刻会示弱，也是一种说话的技巧。

周晓声是一家商场的营业员。有一次，她接待了一位女顾客，这名女顾客挑选东西十分挑剔，足足用了十几分钟还没有挑完。这个时候，又有一个顾客进门，其他的营业员也都在忙碌。周晓声见到这种情况，就去接待新来的顾客了。

这一来，那名女顾客不干了，她一甩脸子，大声地对周晓声喊道："你这是什么服务态度，你没看见我先来，他们后来吗？为什么扔下我不管了？"这指责好没来由，周晓声气往上冲，但是作为一名服务人员，又不能因此与顾客发生争吵。她深吸一口气，压住火气对那名女顾客说："请您原谅，我们店生意忙，对您服务不周到，让您久等了，我服务态度不好，欢迎您多提宝贵意见。"

这话说得没有让人可以指摘的地方，那名女顾客挑不出什么刺，反倒觉得自己刚才的行为有点过分了，于是她对周晓声说："我刚刚话说得不好听，也请你原谅。"

关键时刻服个软不丢人。可能有人觉得，明明我在理，凭什么给别人服软，并且大庭广众之下服软太丢面子，坚决要跟对方争执到底。仔细想想，争执到底是毫无意义的，很容易损害双方的感情。

适当服软是一种恭谦的态度，是给对方的一种尊重。态度强硬，争执到底，不仅损失双方的面子，最后什么事也办不成。说话和蔼可亲，甚至道个歉、认个错，令对方的心里好受，就能好办事。或许你可能注意到了，一些有所成就的人士，尽管他们的气场很强大，但是他们说话永远都是不紧不慢、语调平和的，从来不会跟人发怒或者语调盛气凌人的。因为他们清楚，强硬的语气没有意义，用和善的语言才能换来对方友好的回应。

强硬的语言不但没有力量，反而会起反作用，只会让人产生抵触心理甚至被激怒。要学会放低姿态，谦虚做人，只有养精蓄锐，蓄势待发，那么水到渠成之时，才能够四两拨千斤，信手拈来。太极拳极柔和，但却能四两拨千斤。谁都愿意与谦和者共事，待人谦和，你就与周围的人有了良好的沟通基础，遇上不讲理的事你就软话好好说，但原则不能变，就是既要谦虚谨慎，又得不屈不挠。

软话不是无立场的话，也不是软绵绵的阿谀奉承，而是一种"以柔克刚"的策略，博得别人的好感，不跟别人轻易发生争执和冲突，软话能让你获得别人的好感和支持。聪明人在说话办事的时候，会尽其所能地多说软话，把事办成。

赵爽是一家公司的销售部经理，有一次他到外地出差，在街头的一个小摊位上买了几件小工艺品，想回去送给亲朋好友当礼物。但是付钱的时候，赵爽突然发现刚刚还在身上的手机不见了。

挑选的过程中周围并没有人，只有自己和摊主两人在场，显然与摊主有关。但赵爽又没有什么证据，自己一提此事，摊主就马上翻脸说他诬陷人。

这种情况，换作其他人，一定火冒三丈。但赵爽有一段时间的管理经验了，在和人打交道的问题上还是积累了一些解决的办法的。他没有和对方来"硬"的，而是压低声音，悄悄地说："老板，我一下子照顾了你一百多块钱的生意，你怎么能这样做呢？这街口人流量大，你在这摆摊，一个月收入少不了有好几千元，我想你绝对看不上那个破手机的。再说，你们做生意的，信誉要紧啊！"

赵爽见摊主面上有些动摇，又恳求道："我是外地过来出差的，还要跟领导和客户联系，没了手机倒无所谓，可是没有号码我就没办法联系别人了，耽误了事我没法跟人交代，你就帮我仔细找找吧，说不定是不知什么时候掉到哪件小玩意里去了。我知道，你们做小生意的最能体谅人了。"

摊主终于被赵爽说动了，于是借道下坡，在一个陶罐中找出了赵爽的手机，不好意思地交给赵爽。

说软话会让对方觉得自己是在吃糖，心里甜甜的。赵爽的一番至情至理的说辞，最终使手机失而复得。俗话说：是人敌不过三句好话，多说说软话，有时候对自己太耿直的性格都有好处。这个世界中，阴阳相克，刚柔并济。只有学会说软话，适当示弱，才能得到更好的发展。

很多时候，事情的成功就在于语言的态度，人们普遍存在着吃软不吃硬的心态，如果我们以命令的口吻要求对方，对方不但会不理睬，说不定比你更硬。但如果来"软"的，对方反倒打消戒心，软化态度，纵使自己为难，也会顺从你的要求。

以软对硬，等激动的对立情绪稳定下来，再提出自己的意见，是处理对立的最好方法。一些男人喜欢显示自己说一不二的强硬作风，往往会把问题越闹越大，高情商的人懂得没必要跟对方硬碰硬，态度柔软一些，更容易把事情办妥。

5. 于情于理的话更有说服性

有的人较感性，有的人较理性，在与对方沟通的时候常常难以捉摸对方到底是哪一种，所以聪明的人在说服的时候会用"情"与"理"双管齐下。动之以情，晓之以理，感性的人会被"情"打动，理性的人会被"理"说服。

李威在公司工作两年了，除了刚工作的头半年涨了一点工资之外，他的工资再没有什么变动。李威自认平时工作认真踏实，自进入公司以后为公司做出了不少贡献，又想到平时同事们议论老板的"吝啬"，决心采取更有说服性的话语，向老板请求加薪。

李威挑了一个合适的时间段，来到老板的办公室。打过招呼以后，李威先提出了希望加薪的要求，并说明了理由："我进入公司已经两年多了，虽然不是老员工，但我对公司的感情很深，您的知遇之恩我也一直放在心里。我觉得我对待工作认真负责，从来没出过大的差错，在某些方面为公司的发展也出过微薄的一份力。因为我和女友的年龄都大了，最近家里也催着结婚，男人要养家，可是现在的经济条件确实不宽裕，所以希望总经理能给我增加工资。我知道公司的资金也很紧张，但是增加工资之后，我没了这些后顾之忧，更能全心全意为公司带来更大的收益。"

这番话于情于理都十分打动人，一向"吝啬"的老板痛快地给李威加了工资。

李威先是表达了自己对于老板的知遇之恩的感激，用真情打动老板，再话锋一转，点明了自己对工作的贡献，让老板认同他的工作态度和工作价值，让老板觉得为他加薪是理所当然的。李威又联系到自身，用准备结婚，希望能增加收入这样一个男人皆会理解的理由再次打动老板，让老板产生同理心。最后表明加薪对自己的影响能够给公司带来好处，表明自己会更加努力地工作，为公司创造收益。

这一番话不长，但是很有技巧性，把自己的要求讲出来让人听着舒服，同时合情合理，非常容易打动人。说服以攻心为上，高情商的人寥寥数语就能说服对方，这是一种本领，每一次说服都带着技巧。

求人办事往往会给对方带来很大困扰，所以成功率就低。"说服"就是运用语言技巧给对方讲道理，使之接受，试图使对方的态度、行为朝特定方向改变的一种影响对方心理意图的沟通。在现今社会中，我们需要说服对方帮助自己，或者我们和其他人的意见相左时，为了更好地完成工作或是想要得到别人认同，我们就需要去说服对方，以期达到自己想要的结果。

干巴巴的话语和没有头绪的理由都是说服对方的大敌，只有说得于情于理才能有效地说服对方。用自然的情感打动对方，并理性全面地阐述自己的道理，分析双方的利弊得失，说话真诚，语气亲切随和，不卑不亢，这才能大大地增强说服的成功率。

春秋战国时期，赵惠文王崩逝，年幼的孝成王即位，他的母亲赵太后摄政。秦国趁乱大举进攻，赵太后向齐国求救，齐国提出条件，一定要以长安君为人质才能出兵。

长安君是孝成王最小的弟弟，也是赵太后最小的儿子，赵太后对长安君的疼爱使她拒绝了齐国的要求。大臣们纷纷劝赵太后以国家为重，赵太后被逼得急了，就说："如果再有人要我把长安君送去当人质，我就将口水吐到他的脸上。"

左师触龙来见赵太后，先是抱歉说自己年老体衰，但好久没见赵太后，特来问候一下。赵太后与触龙聊了起来，触龙问赵太后饮食如何，然后请求太后为自己的小儿子安排一个职位，顺理成章地把话题引到自己如何疼爱小儿子上。同样疼爱小儿子的赵太后自然对这个话题感兴趣。

等引起赵太后的共鸣之后，又说起赵太后的女儿燕后的事情来，点明父母疼爱自己的孩子，就必须为他的长远利益考虑。触龙自始至终都没有提到让长安君做人质的事，但是他以聊家常的方式，让赵太后明白了个中道理，最后同意长安君去齐国做人质。

动之以情、晓之以理的恳谈，任何人都无法拒绝。触龙见到赵太后先说生活起居，营造出一种同病相怜的氛围，又通过自己对小儿子的关心，引出赵太后对长安君的关心。最后站在很高的角度讲清楚真正的母爱是什么样子，在循循诱导下，赵太后被触龙说服。

于情于理的说服是一种软硬兼施，不会一味地求情告饶，也不会一味地强硬劝说，通过感情把双方置于同一个位置，又用有理有据的条件让对方开窍。只有动之以情并晓之以理，把话说得既入情又入理，让人于情于理都无法拒绝你，甚至乐于帮助你，才是说话的高手。

第六章

反驳的话，情商高的人会迂回着说

　　《孙子兵法》中有"以迂为直"的谋略。英国军事理论家哈利也曾说：在战略上，那漫长的迂回道路，常常是达到目的的最短途径。迂回战术是指通过其他途径接近对方，建立了感情后再进行说服。它常常被用在谈判之中，当利益双方僵持不下时，可以选择放下争执，然后找机会"迂回过去"。

1. 情商高的人深谙迂回战术

我们都知道说话要清楚明了，才容易让对方明白你的意思；但在某些情况下，说法如果过于直截了当，反而达不到说话的目的。尤其是对于一些容易引起争吵的敏感话题，更不应该开门见山，而适宜采取从对方感兴趣的话题入手，曲言婉至地进行说服。

《孙子兵法》中有以迂为直的谋略。英国军事理论家哈利也曾说，在战略上，那漫长的迂回道路，常常是达到目的的最短途径。迂回战术是指通过其他途径接近对方，建立了感情后再进行说服。它常常被用在谈判之中，当利益双方僵持不下，可以选择放下争执，然后找机会"迂回过去"。

1931 年"九一八"事变发生后，日本侵略中国东北，戏曲大师梅兰芳被迫从北京迁居上海。为应和国内的抗战气氛，他倾注了极大的爱国热情，连续赶排了《抗金兵》《生死恨》等剧，以期鼓舞全国人民的抗日士气。

1937 年卢沟桥事变后，日本侵略者发动了全面的侵华战争，很快侵占了上海。自此，梅兰芳开始坚决拒绝登台演出，不给日本侵略者表演。几个月后，梅兰芳全家移居香港，深居简出，从此很少露面，更没有登上过任何舞台。

1941 年，日本占领香港，梅兰芳开始思考对策，并想出了"蓄发明志"的办法。他在回忆这段经历时说，"当时只感觉到形势越来越严峻，得想个办法对付。有一天早晨我正对着镜子刮脸，忽发奇想，如果我能长出泰戈尔那样一大把胡子就好了。于是我三天没刮脸，胡子长得还真快，小胡子不久就留起来了。虽没有成为飘洒胸前的美髯公，没想到这还真成了我拒绝演出的一张王牌。"

果然，不久之后香港的日本驻军司令酒井看到梅兰芳蓄胡子，惊讶地问："像你这样的大艺术家，怎能退出舞台艺术？"梅兰芳回答说："我是个唱旦角的，如今年岁大了，扮相也不好看，嗓子也不行了，已经不能再演戏了，这几年我都是在家赋闲习画，颐养天年啊！"数日后，酒井派人找梅兰芳，一定要他登台演出几场，以表现日本统治香港后的繁荣。正巧，此时梅兰芳患了严重牙病，半边脸都肿了，酒井获悉后无可奈何，只好作罢。

说服并不一定要当时、当地，只要是能够说服成功就是达到目的。所以，我们没必要在当时就一定让对方同意我们的观点，在两个人争执不下的时候，强硬的说服很容易激起对方的反弹，越是这个时候对方越听不进去你说什么。

这时候就需要采用迂回路线，有意避开对方的讳忌点，选择从对方感兴趣的话题谈起，不要过早地暴露自己的意图，并按照预定迂回路线，步步靠近。当对方跟着你的思想走完一段路程的时候，对方就已经在不自觉之间向你的观点投降了。这就是迂回战术的效果。

尤其对于性格固执、特别要面子的人，更不可迎面挑战，迂回说服是最好的办法。既能够给对方留足面子，也能够很好地真正地说服对方，而不是在你争我辩中浪费时间。

古代文人郑板桥有这样一段故事：一天，郑板桥的夫人捉到一只老鼠，就拴着老鼠的尾巴将它吊在屋子里。夜里老鼠不住地吱吱叫，吵得郑板桥一夜没睡好。他埋怨夫人，夫人却说："我小时候，有一次好不容易做了件新衣裳，却被老鼠啃坏了，所以我最恨老鼠。"

郑板桥听后笑了："兴化的老鼠啃坏了你的衣裳，又不是山东的，你恨它做什么？"

夫人似有深意地说："你不是也恨范县的杀猪的吗？"

郑板桥恍然大悟，随即吟诗一首："贤内忠言实难求，板桥做事理不周。屠夫势利虽可恶，为官不应记私仇。"

原来，郑板桥早年的生活很贫苦。有一年大年夜，他们家没钱买肉，就从屠户那里赊了一只猪头，刚下锅，屠户就上门要回去了，转手高价卖给了别人。这件事让郑板桥一直耿耿于怀。后来，郑板桥来到山东范县做官，就特别规定杀猪的不准卖猪头，自己吃也要交税，以示对屠户的惩罚。夫人觉得此法欠妥，就想了一个方法说服他。

很多人在内心都有一个防御机制，就是当别人来说服自己的时候，下意识地就认为对方是错的，自己是正确的，并开始组织反击。所以我们的直言直语有时候会惹得对方不高兴，尤其在公共场合更加影响人际关系。因此，能不讲就不要讲，要讲就迂回地讲，点到为止地讲。在一定的场合，你适时地用迂回委婉的方式和对方说话，或许就会出其不意地达成你想要的结果。

采取"迂回"的手法，要首先让对方一步步地陷入你设下的圈套，从而达到劝服的目的。对于一些容易引起争吵的敏感话题，不应开门见山，而适宜采取从对方关心的话题切入，婉转地进行说服。

这是一种颇具策略性的智慧，比如一个人想做某件明显不妥的事，若不上前禁止的话，他可能横下一条心硬是要去做。但若假意支持的话，这个人很有可能就此打消了去做的念头。这种方法用在说服上也往往能够奏效，通过简单的语言就可以达到我们的目的。

2. 情商高的人，会利用第三者的口吻去反驳对方

说话之道，在于让人心服口服。高情商的人在反驳他人的时候并不一定全都借助自己的力量，有时候，借力使力也是一个很好的办法。当你不同意对方的意见，可以搬出一个第三者，用这个第三者的口吻让对方认可自己的观点。

一次，乾隆皇帝和纪晓岚同游汨罗江，这条江是楚大夫屈原投江殉国的地方，乾隆皇帝有意想试探一下纪晓岚对自己的忠心，便问纪晓岚："君要臣死，臣子应当如何？"纪晓岚立刻说："君要臣死，臣万死不辞。"

乾隆皇帝听了很满意，便说："既然这样，我命你现在立刻投江自尽如何？"

纪晓岚只好说："臣领旨！"于是走到了船头，跳了下去。片刻之后，纪晓岚又从江里冒出了头，攀住了船身，乾隆皇帝见状就面露不悦说："谁让你往上爬的？"纪晓岚说："是屈原啊！"

乾隆皇帝一愣，故意问道："他怎么跟你说的？"

纪晓岚抹了抹头上的水，说道："君要臣死，臣不敢不死，可是臣在水底看到屈原，他叫臣快上来。屈原说，当年他投江是因为楚王昏庸无道，现今国家昌盛，皇上英明，我投江无异于成了一个大罪人，让人知道了还以为当今圣上治国不力。臣对皇上忠心耿耿，不能让您承受这样的名声，所以臣就爬了上来。"

乾隆皇帝听了，龙心大悦，就令人将纪晓岚捞了上来。

纪晓岚非常聪明，从头到尾没有"亲自"说一句反驳乾隆让他投江的话，而是借"屈原"这个第三人之口说明乾隆让自己跳江的做法是不对的，

是昏君所为，而自己爬了上来，是为了不有损于乾隆的明君形象，又恰如其分地恭维了乾隆皇帝，这一番说辞既有理，又有趣，更有"捧"，乾隆自然龙心大悦了。

利用第三者的口味反驳对方，一定要使人信服，既要入情入理，还要不伤害对方的感情和自尊心。这样利用别人的角度或者别人的话语反驳对方，会让对方觉得你是对事不对人，心里会想：既然另外的人也是这样想的，或许有一定的道理。

不直接用自己的角度反驳，能够让对方转移焦点，就算是对方不乐意，也不大会迁怒于自己身上，当然更怪不到那个第三者的头上，无形中就减少了许多矛盾。

说服对方其实就是让对方同意自己的观点，反驳也是如此。同杨虎城将军的说话技巧一样的道理，我们在反驳对方的时候，也要善于运用第三者的观点。这个第三者的人选不可谓不重要。此人必须是与对方相熟或者关系较铁，要么就是对方所崇敬和欣赏之人。选好了第三者，事半功倍。就如前文中的纪晓岚一样，假如那条江不是屈原所投之江，或者纪晓岚说的不是屈原一类的爱国人士，说不定一个不小心还会倒大霉。

很多时候，我们巧妙地利用第三者的口吻，打一招太极拳，反而能够起到更好的效果，更容易让对方认同自己的观点。

3. 道理越辩越明，关系越辩越远

留心我们周围，争辩几乎无所不在：一个小细节，一个特殊事件，某个社会问题，都能引起争辩；甚至连一个人的打扮风格也能引起争辩。从某种意义上看，不同见解的争辩过程正是寻求真理的过程。俗话说："镜子越擦越亮，真理越辩越明"，辩论，就是为了探求真理、坚持真理、维护真理而相互劝说。

然而，在争辩中，每个人都想推翻对方的看法，树立自己的观点，所以，争辩无可避免地带上了"敌意"，所以有"唇枪舌剑"一说。所以，争辩最容易使我们良好的交际愿望落空。

在人与人的交往中，越是亲近熟悉的人越会相互争辩。为了一件小事争个黑白红绿，结果是双方都不服输，久而久之郁结于心，对彼此的关系将会造成不可弥补的慢性损伤。特别是在夫妻关系、死党关系中，因为争论而导致反目成仇的现象比比皆是。

世界上有许多不愉快都是由无意义的争辩造成的。很多人为了一些很平常的小事争辩，为此双方针锋相对、舌剑唇枪，甚至不惜撕破脸皮，去攻击对方。这种争辩所致的慢性精神折磨，不要说当事人自身，就算是旁观的人都会觉得难以接受。

为什么要证明对方是错的呢？那样并不会让对方喜欢你。为何不给对方留点面子？你为什么要和他争论？无论你和对方讨论的问题多么重要，无论你觉得你的观点多么正确，争辩的时候，你都会无意中把对方当作敌人来对待。谁会亲善自己的敌人呢？对方自然会疏远你。

梁欣宜从小是个个性强、不服输的人，正是由于她的强悍作风，大学时她就已经开始做买卖了。她从摆小摊开始做起，吃了不少苦，等到梁欣宜大学毕业三年后，她已经成了一家公司的老板，是一个名副其实的女强人。

但是正是因为梁欣宜强悍的个性，她和公司里的员工相处得并不是很好。梁欣宜公司里有个业务骨干叫周庆峰，因为个人能力强，和客户谈起生意来，总能够迅速拿下单子。

有一次，周庆峰因为一时大意，将两个公司的资料弄混了，结果在与客户谈生意的时候出了岔子，生意没谈成。周庆峰不想让老板知道是自己犯了低级的错误而把生意谈吹的，只推托是自己身体不太舒服的缘故。

梁欣宜很不高兴，找来周庆峰就开始指责他的不是，还拿着那两份弄混的资料摆在桌子前面说："你看看！明明就是资料弄错了，你非要狡辩是你身体不好，现在证据都摆在眼前，你还有什么好说的？"

心高气傲的周庆峰一看，非常难堪，就对梁欣宜说："资料弄错了值得这么大惊小怪吗？"

梁欣宜还是不松口："明明是你把资料弄错了，这么小儿科的错误你也犯，还找别的借口，你还想不想干了？"

这下子，周庆峰彻底火了，顺着梁欣宜的话说："不干就不干！我早就想走了！"说着，就出去了。第二天，周庆峰果真过来收拾了东西办了辞职，梁欣宜这才有了悔意，埋怨自己不该把话说得太绝。

如果梁欣宜能够不这么强硬，非要与下属争论个是非曲直，也不会失去这么一个得力能干的员工。即使是对下属，也要注意不要常常与之争辩，争辩只会带来敌意。对待上司，更加要注意，除非你不想干了，否则不要轻易将双方的关系弄僵。

有一位口才艺术大师曾说过：天下只有一种方法能得到辩论的最大胜利，那就是尽量避免辩论。避免辩论，就像避开毒蛇和地震一样。与人争辩是最吃亏不讨好的说服方式。"以爱解仇，仇必消之；以恨止怨，怨则深矣"。无论你辩与不辩，真理总是颠扑不破的，时间会证明一切，何必急着收获一时的胜利呢？俗话说："好言一句三冬暖，恶语伤人六月寒。"永远不要试图用争论使对方同意你，"辩论赛"上没有胜者，争辩永远产生不了亲厚的关系。

4. 反驳的理由再充分，也不可咄咄逼人

很多时候你在与别人争论时是赢不了的。要是输了，当然你就输了；如果赢了，你还是输了。对于低情商的人来说，话语间往往充斥着攻击、压制、否定、质疑，这其实都是满足自己不健康心理需求的一种方式。心理学家曾说："爱传递负能量的人，本身就是个负能量源。"因此在人际交往中，想要受到更多的人欢迎，就别总是一副咄咄逼人的口气，有时候换一种温和的方式，也许你会发现你更能受到别人的赞扬。

说话是一种本能，更是一种技能，安徽卫视《超级演说家》栏目以挑选中国最会说话的人为目的，同时也希望让观众感受说话的魅力，搭建起一个让国人学会如何表达的舞台。节目从开播以来，一直受到很多人的关注。在第一季《超级演说家》中，有一位来自西安的电台主持人刚一出场震撼了导师和观众，个性张扬的他，放言来就是拿冠军的，气场之大，甚至让导师们也感觉咄咄逼人。

这位主持人小伙，在自己主持的节目中以方言与普通话不断转换，妙语如珠，不断彰显自己标志性的地域成为节目风格。关于自己的风格，这位小伙子表示，就是想让大家都知道，在东北有二人转赵本山，上海有海派清口周立波，北京有德云社郭德纲，除此之外，在陕西这个地方也有人说脱口秀。然而，他的西安口音脱口秀在节目现场却有些水土不服，导师李咏直言不讳地批评话题老套，基本都是网络段子，现场观众不笑，不买账。对此，这位主持人嘴上也没闲着，而是反唇相讥，与导师李咏展开了"对攻战"。最后李咏不禁苦笑着回应："同学，你不是一个心胸开阔的人！"

与此同时，现场的另一位导师乐嘉也为李咏开口，乐嘉认为李咏只是出于善意指出选手的不足，而选手为维护面子而反驳，有抬杠之嫌。其实

出于竞赛型真人秀、战略性的考量，这位选手完全没必要再去反驳一个不认同你的导师。

对于这场攻防转换节奏快速的导师和选手对抗赛，观众和网友表现出了极大的参与热情。有一名网友匿名对此评论说："从来没看到过这么威猛的选手。虽说原则上大家人格平等，选手和导师都可以互相批评，但说实话，觉得选手过于锋芒毕露，对自己不好，更会为自己的未来埋下隐患。"

高情商的人在与别人聊天时，一旦与对方产生分歧，他们在多数情况下都会选择转移话题，或者闭口不言，因为他们知道，很多时候，在争论中根本不会有获胜者。因为，十有八九争论的结果都只会让双方比以前更相信自己的观点绝对正确；或者，即使认识到了自己的错误，也不愿意在对手面前俯首认输。这个时候，最好的方法就是都给对方一个台阶下。

一个拥有高情商的人，如果发现对方语言中出现错误，只要无关大局，都不会大肆张扬，故意搞得众人皆知，让本来可以忽略的小过失一下子变得显眼起来；更不会抱着讥讽的态度，认为"这下可抓到笑柄"了，来个小题大做，拿别人的失误在众人面前取乐。因为这样不仅会让对方难堪，伤害其自尊心，更容易让对方产生反感甚至报复心理，影响彼此之间的社交关系。

某公司的待遇很差，职工苦不堪言。每当有员工提出异议，公司领导就会说："之所以不愿改善员工待遇，是由于员工都是庸才，工作不努力，对公司贡献不大，而且多数人还都是兼职"。一旦有员工拿其他公司与自己公司作比较时，老板又会说，其他公司的职员都是正规院校出身，而自己的下属净是杂牌军。

一天，公司的一位高级职员忍无可忍，决心要向老板提意见。但为了意见能被老板接受，他想了一个办法：针对公司近来迟到人数逐渐增多的现象，他对领导反映说："新职员简直都没办法到公司上班了！"

"为什么？"领导奇怪地问。

"坐人力车吧，觉得车费太贵；坐电车吧，又挤不上去，而且每月出的电车费也不够，他们怎样才能解决这个问题呢？"

"以步当车，一文不费，而且还能锻炼身体，这多好的事啊！"领导说。

"不行啊，鞋袜走破了，他们又买不起新的了。不过我有个办法，希望您出个布告，提倡赤足运动，号召大家赤脚走路来上班，这样问题不就解决了吗？谁让他们命不好，生在这个时候呢！谁让他们不去想发财的路子，非要当苦命的职员呢！他们坐不起电车、人力车，也不能穿鞋袜整齐地来上班，都是活该啊！"职员摇摇头说。

他一面说一面笑，说得领导也不好意思起来，只好同意改善一下员工待遇。

仔细说来，高情商的人究竟怎样才能在争论中做到既反驳又给对方留面子呢？

当一个人想要反驳时，态度必须从容，说话必须稳当，先把他的话总括扼要地提出，问他是否是这些意思，再从他对的方面，表示相当的赞同，使他高兴。说到后来，用"但是"两字一转，逐层反驳，把轻的放在前面，重的留在后面，越说越紧，越说越硬，直到使对方无法置辩。

如果你要教训对方几句，更要把这些话留在最后，看见他的面部表情已有感悟的表示，才好开始说教训的话。说教训的话，态度必须诚挚才显出你的善意，千万不要有斥责或讥笑的意思，免得他恼羞成怒，引起新的纷争，因为反驳虽恃理由与技巧使他折服，但也必须动以感情使他心悦诚服。理由越是充分，反击越是强烈，语气就越要婉转。

其实在社交中，谁都可能不小心弄出点小失误，所以有些时候即使对方犯了错误，如果不是不可原谅，都要尽量给对方留些情面。即使你很想反驳对方的观点，也要在让对方能下来台的基础上进行，做到既反驳了观点，也给人留了面子。

5. 坚持自己的意见，但切莫让对方"无地自容"

说话是一门艺术，凡事都有一个平衡的度。如果分寸掌握好了，事情就会轻易得到解决。如果分寸掌握不好，可能给彼此带来麻烦。在表达自己相反的意见的时候，一定要先想一想，自己所说的话会不会让对方下不了台，会不会伤害到对方的自尊，时机成不成熟。凡事绕个弯，就会达到意想不到的效果。

在美国一家报社工作了30年的沃恩，每年圣诞节都会受邀参加年终的报纸评审工作，这个工作虽然报酬不多，但却是一项荣誉，很多人想参加却找不到门路，也有人只参加一两次，就再也没有机会了！沃恩年年有此"殊荣"，让大家都羡慕不已。

在沃恩年届退休时，有人问他其中的奥秘，他微笑着向人们揭开谜底。

他说，他的专业眼光并不是关键，他的职位也不是重点，他之所以能年年被邀请，是因为他很会给别人"面子"。

他说，他在公开的评审会议上一定会把握一个原则：多称赞、鼓励，而少批评。但会议结束之后，他会找来报纸的主编，私底下告诉他报纸上的缺点。

因此，虽然报纸上每个版面的主编有先后名次，但至少每个主编都保住了面子。也正是因为他顾虑到别人的面子，因此承办该项业务的人员和各报纸的编辑人员，都很尊敬他、喜欢他，当然也就每年找他当评审了！

是人就有自尊心，会爱面子。太过直白只会让对方尴尬羞愧，下不来台，很容易恼羞成怒，甚至祸及自身。说话的时候一定记得给别人个台阶下，就算不为了和对方搞好关系，也要避免对方的报复、记恨。给人面子并不难，赞扬和批评要注意一定的分寸和场合，既要坚持原则性，也要讲究灵活性，既坚持真理，也不能得理不饶人，也要给人以面子，只有这样，自己才能够有面子。

在与人交谈的时候，保卫自己的意见固然重要，因为做人不能够随波逐流、人云亦云。但如果你处处高调，对方心里会感到紧张，甚至很容易对你产生反感，而使你们之间的交流出现障碍。为了赢得更多的朋友，也为了事业上进行得更加顺利，你不妨常以温和的姿态出现在别人面前。

某公司的一位副总经理第一次到欧洲出差，回来后情绪还沉浸在欧洲的出行中，在开会的时候不谈正经事，大谈特谈欧洲的风土人情。与会的人听得不耐烦，又不好打断他，只好都看着总经理李彬。总经理该怎么办？他已经暗示过副总经理了，可是副总经理视而不见。

李彬作为公司的总经理，控制不住会议局面，脸上有点尴尬，只好用强制的方法，对副总经理说："这事以后再谈，我们现在谈正事。"副总经理当面被驳，面子上有点挂不住，为了不在下属面前颜面扫地，他依然故我，宁可散会以后挨骂，也要在下属面前保住面子。

这下子，轮到李彬这个总经理的面子挂不住了。

其实总经理可以这样说："副总经理，你去欧洲的见闻也不是十分钟就能讲完的，我给你安排两个小时，做一个专题演讲，好不好？办公室主任，你安排一个合适的时间，我们专门请副总经理讲一讲他在欧洲的见闻，今天我们抓紧时间解决别的问题。"这样，既给副总经理留了面子，又限制了他说题外话。

记住，给别人面子，就等于给自己面子，给别人一个台阶下，就等于给了自己一个世界。不要让对方下不来台，无地自容，否则只能让你在人际圈子里面一路摔跟头。只要将心比心，换一个立场去考虑，不要处处都表现得特别强人所难，这样你才能换取别人的尊重，在走以后的路时，才能够更加通畅。

6. 情商高的人，会让数据去说话

有的时候我们与别人意见不同，都会觉得自己的观点是正确的。要想证明自己的观点，就需要拿出证据来。倘若捍卫自己观点的话言语空洞、只是泛泛而谈，争论永远只能是争论，无论如何也讨论不出结果，只有拿事实证明事实。而数据，通常情况下就是事实的一个最佳佐证。只有"用数据说话"，所说的话才更明确、更准确、更精确。用数据说话，讲求的是一种负责任的行为准则。明确的数据摆在眼前，对方不服也不行。

许乐是一家电器公司的推销员。一天，他到一家公司去推销电机，那家公司的采购部经理张先生前不久刚从许乐手里买过一台电机，而他认为许乐的电机质量有问题。他说："你自己摸摸电机有多热、多不正常！就这样，你还想让我再买你的电机吗？"

许乐了解情况后，知道对方的说法是不对的。但他没有理直气壮地与对方争辩，而是态度和蔼地对张先生说："好吧，张经理，我的意见和你的一样。如果那电机发热过高，别说再买了，就是已买去的也要退货，是吗？""是的！"张先生答道。

"当然，电机是会发热的，但是，你当然不希望它的热度超过规定的标准，是吗？"张先生又作了肯定的回答。

许乐继续问："按标准，电机的温度可比室温高 75 度，是吗？"

"是的。"张先生说，"但是，你们的电机却比这个指标高出许多，连碰都碰不得。难道这不是事实吗？"

许乐继续问道："你们车间的温度是多少？"

张先生想了一下，说："大约 50 度。"

"好极了。"许乐拍了一下张先生的肩膀说："车间温度是 50 多度，再加上电机可以超出的 75 度，已经超过了 120 度。请问，如果您把手放进 120 多度的热水里，会不会烫伤呢？"对方不情愿地点了点头。

许乐接着说："那么，请您以后不要用手摸电机了，放心，那温度完全是正常的。"

在拥有高情商的人眼中，数据最能解决矛盾。有时候在一件事情上单凭主观判断，是不够准确，也非常容易对事实造成误判。当你和对方发生意见上的不一致的时候，要想到，站在对方的角度上看待问题，或许与你了解的事实不一样，这个时候，拿出确凿的证据，用数据说话，向对方表明事实，一场误会就能够烟消云散，也就可以避免发生争执了。

数据是最能衡量是非曲直的有利依据，在任何情况中，都是行之有效的手段，用在说话中也同样具有奇效。特别是一些需要比较的情况，数据更有说服力，数据是一个一个路标牌，将事实一步一步清清楚楚摆在大家的眼前。

当然，当你摆出数据的时候，一定要保证你所提出的各项数据是真实的、可信的，让对方无可辩驳的。有了真真实实的数据，并针对这一方面展开深入的研究，就能更加清楚地发现问题的矛盾所在，从而有效解决争议。

在一个忙碌的清晨，刚刚去海外度假的总经理让销售部副总监王建平来自己办公室一趟，总经理见到王建平，第一句话便直接开门见山地问道："小王，最近业绩是不是有些下降啊？"王建平听后急忙回答说："我觉得我最近的业绩还不算太差啊，我比上个月工作更勤奋了。"总经理听后摆了摆手，示意王建平去忙。

过了一会儿，总经理又通过秘书找到了销售部总监李玉敏，见到李玉敏之后，总经理依旧是那一句："小李，最近业绩是不是有点下降啊？"李玉敏听后自信地说："总经理，我这个月的业绩目标是六百万元，已经完成了五百万元，还有六个近期签单的意向客户。上一个月的业绩是四百七十万，因为这一季度的总营业额上涨了，所以我的业绩所占比例就下降了，实际上比上个月有所提高。"总经理听后沉思一下，笑了笑让李玉敏离开。

相比之下，李玉敏的回答更有说服力。因为李玉敏会用数据说话，结果自然非常清晰。在现实中，如果你在回答别人的提问时，能列举出一些相关数据，就能够让别人明确知道你的情况，之前的错误判断也就明了了，你也会更容易得到他人的青睐。

比如，别人指责你花钱大手大脚的时候，可能只是看你经常变换衣服，倘若只是干巴巴地说"我没有"并不能让人解除对你的误解。你不妨这样说："我的衣服都是在折扣店或者批发市场里淘的，平均每个月在买衣服上花的钱只占所有支出的十分之一。我平时买的用具都是买质量较好的，虽然价格贵一些，但是使用时间是质量差的两倍还多，实际上是节省了钱的。"

用数据说话，讲求的是一种严谨而负责的为人风格，不过也不能凡事只讲数据，不讲实际情况和人与人之间的交情，否则就会极大影响双方的感情。在用数据说话的同时，也要委婉地提出，由于对方并不清楚这些细节，造成意见上的不同是很正常的，不知者不怪。问题归问题，对事不对人，千万不要伤害了彼此的面子和感情。

第七章

没把握的话，要慎重地说

你不能确定的事，就不要把话说满，要学会"模糊表态"。有时候答应得太着急，如果事情有变，帮不了对方，反而会伤害双方的交情。良好的人际关系需要的不仅仅是热情，还有谨慎。要学会采取恰当的方式、巧妙的语言，对别人的请求或者是意见做出间接的、含蓄的、灵活的表态，避免最后事与愿违的尴尬和责任的承担。

1. 在没弄清楚是非曲直之前，永远不要信口开河

在社交场合中，拥有高情商的说话高手总是遵循着有所可言、有所不可言这条法则。现在是个交流频繁的社会，你并不是对每个人都了解，即使知人知面，也难以捉摸每个人的心理。如果你总是毫无禁忌地信口开河，总有一天会吃亏。

任何时候，妄下评论都是肤浅、武断的做法，最好当自己彻底弄明白一件事情的原委始末，有确凿的证据证明自己的观点的时候，再开口说话。

俗话说得好，"没有调查就没有发言权"。在生活中，有些人总是没有弄明白事情的是非曲直就说话，结果，劝架的变成吵架的，开心的变成伤心的，严肃的变成荒唐的……这样的事情比比皆是。

陈玉是个急性子，虽然名字里有"玉"，说起话来可真不怎么温润。陈玉在之前的单位合同满了之后，便开始物色新工作。挑来选去，选中了一个招聘卖场楼面督导的职位，收到面试通知后，他就过来参加了面试。

面试的主考官看到陈玉的形象气质颇为出色，非常符合这个职位的外形要求，有意留她，就多问了她几个问题。主考官问陈玉："你对我们公司了解多少？"

因为面试地点是在一个高级写字楼内，陈玉就不假思索地说："贵公司是外资企业，公司的注册资金超过了十亿元。"主考官顿时愣了愣，因为这家公司实际上是一家民营企业，注册资金也不是陈玉说的那个数。

因为陈玉不懂装懂，说话不负责任，很难令这家公司信任，所以，陈玉失去了这个工作机会。

当你在与对方说话时，一旦发现自己心里响起"我不太清楚……"的声音时，要停顿下来，问问对方，将问题弄清楚。一定要提醒自己停一下，而不是马上采取那些不自觉产生的机械性行动去说服对方。

停下来思考一下，能让我们停止判断，停止反应，从而理智地对待对方的问题。否则，我们仅仅通过只言片语就与对方讨论问题的错与对，往往会说出令对方不愉快的话。

当你还没有弄清楚事实，宁可不说，也不要信口开河。做人不能不懂装懂，谦虚一些，能体现出一个人的诚实可信。

无论你处于什么环境，说话都要用脑子，要明白"做事慎言，话多无益"的道理。讲话不要只顾一时痛快，乱说一气，不清楚事实就胡乱地说，只能坏事，不能成事。一个具有好口才的人，也要学会倾听，在某些时候多听听其他人的看法，没有坏处。万一将情况完全弄反了，轻则贻笑大方，重则会在无意之中伤害到别人，引起不必要的纷争。对于每个人来说，做事要负责任，说话也是如此。

2. 让谣言止于自己

谣言的最大特点是传递的速度很快，所以谣言又称为流言。俗语有"好事不出门，坏事传千里"。而谣言的危害就更大了，所以对那些听来的，你心里没有把握的话，一定要让其止于自己之口。

2015 年 8 月 12 日 23 点 30 分，随着一声巨响，天津爆炸事件被各大媒体广泛报道，牵扯着每一个人的神经，随之在微信朋友圈、微博也引来舆论的"大爆炸""最帅逆行"消防员的背影令人感动无数，纷纷点赞，"我回不来，我爸就是你爸，记得给我妈上坟"的微信对话截图更是使泪水决堤而下。然而正当我们正沉浸在伤感之中，解放军战士为下一步营救活动展开全方面策划的时候，无数谣言如落雪般纷至，一时间充斥了微博，炸开了朋友圈。

天津塘沽爆炸事故发生伊始，一些微博账号、微信公号编造、散布"有毒气体已向北京方向扩散""方圆一公里无活口""商场、超市被抢"等谣言，制造恐慌情绪。还有人谎称亲属在爆炸中身亡，以"救灾求助"为名传播诈骗信息，谋取钱财。

特别是一些"网络大 V"恶意调侃，发布极不负责任的有害言论，造成恶劣社会影响。有吴姓"大 V"称"天津的爆炸已成为大规模杀伤性武器，堪称爆破界杰作"，有一位"大 V"将天津爆炸事故与广岛、长崎原子弹爆炸相关联，渲染恐怖气氛，甚至有人发布辱骂消防队员言论，恶意配发血腥图片。

这让很多情绪激动、无法分辨事实真伪的人抱着"宁可信其有，不可信其无"的心态纷纷转发这些谣言；甚至认为这样站出来说话是对国家的一份"责任与担当"，是对朋友和社会的一种"关心与爱护"。然而每个人都抱着这样那样的心理去传播谣言，加起来却是千千万万的影响力，这种力量一旦聚集便是一颗定时炸弹，危害不可小觑。

在国家紧急部署、消防官兵英勇救援之时，我们也许无法去现场贡献力量，但我们能做的应该是理性拒绝谣言，让谣言止于自己。

谣言大多来源于不负责任的传言，它是短命的。但是它能给造谣者的

"一根舌头两片唇"换得一时之利，为了使谣言长时间地为人们所关注，造谣者有许多的恶事需要去完成；从长远来看，谣言一旦在社会上形成了一种风气，人们往往就会对流言蜚语乐此不疲，那么这个社会将到处充满欺骗与虚假，真正的人性化的东西不能得到保护与弘扬，社会诚信也将陷入恐慌！

鲁迅曾说："谣言世家的子弟是以谣言杀人，也有因谣言被杀的。"无疑，一个正常的人一旦被谣言击中，其后果是不堪设想的。"文革"时期不正常的社会机制是谣言四起的重要原因。在那个时代，如果用手杀人必然会被处罚，但用谣言杀人却往往可以逃脱罪责，从而造成了大批虽坐不端行不正、善于造谣者不受惩罚反倒成了"君子动嘴不动手"的人——无论是为了出名，还是为了打击对手，都可以通过造谣这种卑劣的手段来达到自己的目的，有不少正人君子经"造谣公司"百般折磨后含愤而终或含冤离世。直到今天，仅从浮面上看谣言虽为千夫所指，但多数人在面对谣言时，依然会想着："宁可信其有，不可信其无"，为的也仅仅是不让自己因谣言而吃亏。

2015 年 6 月 1 日，濮阳市公安局网安支队网上巡查发现，微信公众号"微观濮阳"发布文章《太可怕了！濮阳县陈村幼儿园发生的惊人一幕，濮阳的家长得注意了！》，称"这些人贩子真是越来越猖狂了！今天下午小孩子放学的时候，5 个人来濮阳县柳屯镇陈村幼儿园偷小孩，幸好被村里的青年发现，抓住 3 个跑了 2 个，在他们开的车里面有糖果、饼干、饮料，还有刀，现在都来硬抢了，真的太可怕了！"并附有十张照片。

市局网安支队民警迅速对文章所述内容进行核查，发现该内容信息不属实，随即对微信公众号"微观濮阳"的管理员赵某进行询问，据其供述，她是在互联网上看到类似消息，在没有对信息的真实性核实的情况下，将信息进行了修改：一是将题目改成："太可怕了！濮阳县陈村幼儿园发生的惊人一幕，濮阳的家长得注意了！"；二是把陈村改为濮阳县柳屯镇陈村。

赵某把修改后的消息通过公众平台发布，达到吸引网民眼球的目的。经调查，该文章被 2000 多人阅读，多人转发。6 月 2 日，濮阳市公安局中院分局根据《中华人民共和国治安管理处罚法》第二十五条第一款规定，依法对赵某做出了行政拘留 8 日，并处罚款 500 元的处理。赵某本想发个文章吸引一下别人的眼球，顺便刷一下自己的"存在感"，不承想却因为没有管好自己的手，乱放谣言，结果自己付出了沉重的代价。

在现实生活中，没有人不憎恨谣言，但人却难免相信谣言，并传播谣言。对事实还一无所知，偶尔充当了谣言的传播者是难免的，在事实澄清后，能积极地制止谣言，也难能可贵。知道不是事实，却还去煽动，不是被人利用，就是另有图谋，别有用心。

3. 做出承诺要慎重

对那些讲信用的人来说，诺言不会受时间、地点、处境等各种因素的影响，它从许下的那一刻起便注定了它一定要被兑现。所以，在做出承诺的时候，一定要慎重，不能胡乱开空头支票。

"……虽乳臭未干，但我以人格作保向您筹借善款。因为哪怕仅仅是一块钱、一毛钱，对我来说都非常重要，也是极大的帮助。我希望您给我一个详细的账号，我会在 3-5 年内把钱打给您。因为是借，我承诺每年支付 5% 的利息给您……"

2012 年 6 月，一封署有实名的求助信在网上被广泛关注，写信的是北京某高校大四学生吕江。吕江在信中写到自己家境困难，但父母仍咬牙供自己读书上大学的经历，并表示父亲在当年 6 月被诊断为白血病，如果不尽快进行手术，父亲随时可能死亡。家中以务农为生，年收入不过 3 万元。目前已经配型成功，但无力承担骨髓移植等治疗费用近 40 万元，自己无路可走，遂发布求助募捐信息。

吕江在求助信中发布了自己的身份证、父亲的白血病诊断证明、村委会的证明等文件及手机号码、银行账号等，并承诺将来会还钱以及利息。根据吕江微博记录，截至 2012 年 12 月 1 日，吕江共收到 53 万余元的借款。

然而不幸的是，虽然凑足了钱并且做了手术，但吕江的父亲仍于 2014 年去世，这时距离吕江刚刚毕业仅不到一年时间，吕江毕业后在北京从事技术工作，每月收入 5000 多元钱。在他父亲去世一年之后，工作渐渐走上正轨的吕江开始决定利用自己每个月的工资还钱。

2015 年 5 月，正在天津出差的曾先生突然收到吕江的电话。2012 年吕江在网络上求助时，曾先生曾通过银行向吕江转账捐款，没想到 3 年后会接到吕江的电话表示要还钱给他，在电话中，曾先生表示不需要吕江还款，但吕江坚持借钱就应该还钱，也希望曾先生能继续帮助更多的人。曾先生无奈之下只好给了吕江自己的银行账号，随后，曾先生收到吕江汇款的银行短信，金额甚至包括吕江当年在网络上承诺的利息。

曾先生表示，自己十分感动，后来他还发表了一篇长微博讲述这件事情。"我没想到他还记着这件事情，并主动找到我要还钱，现在的社会还有这样遵守承诺的年轻人真的很难得，不一味索取，还懂得感恩。"

在 2015 年的夏天，孝子吕江信守承诺的故事在网络疯传，无数网友纷纷为吕江点赞叫好。不少新闻媒体纷纷表示："这是他在今年为大家上的一门诚信课，而吕江本人就是一本诚信的书。"

许下诺言并且能够兑现它，是个人素质、个人诚信的体现，更是一种人格魅力、个人价值的体现。孔子说："人而无信，不知其可也。"意思是说一个人不讲信用，就不知他能干什么。所以，我们立身处世要言而有信，说到做到，只有这样的人才能赢得别人的信任。

助人为乐是中华民族的传统美德，但是有的人非常热心，不管别人求他什么事情，他一律承诺能够办到，结果诺言没有兑现，就会给人留下不守诺言的印象。所以，助人为乐也要看自己"助"的能力，倘若力不能及，甚至自己还需他人相助，那么就好比一个泥菩萨想过河去救人一样，自身都难保，怎么能去救人呢？所诺之言自然难以遂愿。

因此，如果他人有求于你，你是否有能力帮助好他，这需要你先动脑子好好掂量、好好考虑自己是否能做到、做好这件事，然后再慎重地做出承诺。一旦做出承诺，你就要想尽办法去兑现。

乡下的老李准备盖一座新房，可是自己找不到木料，便托了城里的一位朋友，让他帮自己在城里买。朋友千方百计把木头买来，运到他的家里，但是核算下来费用高出预算不少。老李的妻子感到吃了亏，不想要。老李却说："我原来都跟人家讲了，不管什么价，弄来就行。如果咱说话不算数，以后还怎么和朋友打交道！"事后，虽然多花了几百元，但是他觉得心安理得。他对老婆说："损失些钱财，换得了信义，值得！"

老李是很有些见地的，他知道信守承诺对一个人的价值有多大。试想，如果他因为费用太高而拒绝使用，那么他的朋友会怎么想？可以肯定，那位朋友以后再也不会帮老李忙了。

而相比较老李来讲，小王的做法就非常不可取了。小张存了一笔钱要等到结婚时用，正好他一个朋友小王来借钱，并向小张保证一定在他结婚之前归还。由于他俩平时交往密切，关系一直不错，况且小王一贯说话算话，所以小张便痛快地借给了他。可是婚期就要到了，小王还没把钱还来。无奈小张只得上门催还，最后搞得不欢而散。从此，小张和小王便不再往来，友谊也就此结束。

《道德经》有曰："夫轻诺必寡信，多易必多难。是以圣人犹难之，故终无难。"意思是：一个在自己没有把握的前提下对他人之求轻易许下诺言的人，必定是很难坚守信用的人。从《道德经》中，我们可以看出古人对遵守诺言是非常看重的。所以，与人往来切记认真对待每一次信约，绝不可疏忽大意，因小失大。只有这样，才能建立和维持朋友间的和谐关系。

讲信义其实就是一个诚信的问题。诚信是做人之本，是一种美德，会吸引周围的人跟随你。反之，当你心中的诚信一点点消失，如同一个骗子，所有的朋友都会用怀疑、歧视的目光看着你，你又怎么能得到别人的尊重呢？

4. 别人咨询意见时，有时要模糊表态

你不能确定的事，就不要把话说满，要学会"模糊表态"。所谓模糊表态即是采取恰当的方式、巧妙的语言，对别人的请求或者是意见做出间接的、含蓄的、灵活的表态，避免最后事与愿违的尴尬和责任的承担。

单位领导就某项决策征求职员意见的时候，在表现自己的同时，别忘了给自己留一条后路。事情办成了当然是皆大欢喜，但如果出现了问题，每个人因为自保都会推卸责任的，而关键就在当时大家发表意见时每个人的说法上了。

一个公司的产品部经理在每个产品进行市场预测的初期，总是要开公司会议，还经常叫上销售部和设计部共同讨论，同时私底下也会征求个人

意见。

"初生牛犊不怕虎"，开会的时候，公司新来的两个员工李刚和张涛都表达了自己超前的思想，得到了公司领导包括销售部和设计部的好评。而且两人在阐述自己想法的同时，还强调如果按照他们的方法做一定会成功。产品部经理当即表示要李刚和张涛一起写一份详细的计划书出来，公司一定会认真考虑。此话一出，李刚和张涛欣喜若狂。作为新人的他们能得到领导如此重视，想来自己也算是幸运的吧。但是新产品在制作的过程中出现了问题，这令公司上下气氛非常紧张。

事后，当公司处理这个问题责任的时候，李刚和张涛成了众矢之的。而本该为这个项目负责的产品部经理、参与产品研讨的销售部经理、设计部经理都相安无事。最后，李刚和张涛出于无奈，递交了辞职信。事外的人，大概都认为那些领导应该为这件事情负责吧。正常来说，领导不仅肩负着本部门的工作，对公司发展和重要决策的决定，他们也应该负90%以上的责任。但这次公司新产品出了问题，为什么不让领导来负责，而是拉出了李刚和张涛这两个替罪羊呢？原因就出在产品部经理让李刚和张涛共同写的计划书上，当初让他们写计划书是希望参考年轻人的想法，当然，如果出现问题，自然有文字上的东西为公司中层们开脱。

李刚和张涛也有问题，它们不懂得"模糊表态"的说话方法，最终留下了话柄。他们在开会时不仅表明了自己的想法，还要在后面加上"按照这个方法来做一定能够成功"。这种飘飘然的自我夸大，也注定了他们最后自讨苦吃的结果。当公司要追究责任的时候，产品部经理把李刚和张涛共同写的文书一交，自然把自己的责任推得一干二净。

所以，当别人征求你意见的时候，在阐述自己想法的同时，一定要注意运用"模糊表态"的方法，千万别忘了加上一句"这仅仅是我个人的想法，还要看上级的最终决策"。这样不仅表达了自己的看法，关键时刻还不用负责任，达到了明哲保身的目的。

有时候"模糊表态"还可以作为拒绝别人的最佳方法，既留给了对方面子，也不会让自己为难。它可以给对方保留一点希望之光，有利于稳定对方的情绪。要求你解决或答复问题的人，内心总是寄予着厚望的，希望事情能如愿以偿，完满解决。如果突然遭到生硬的拒绝，由于缺乏必要的心理准备，很可能因过分失望或悲伤，心理上难以平衡，情绪难以稳定，产生偏激言行，有碍于人际交往。相反，倘若话尚未完全说死，则使他感到事情并非毫无希望，也许经过更多的努力或者过一段时间机会降临，事情会向好的方向转化，因而情绪趋于稳定。

凡事没有必然的定法，并不是说在任何情况下都要"模糊表态"。任何事情的发展变化都得有个过程，有的还得有一个相当长的演变过程。当事情处于发展变化初期，实质性的问题尚未表露出来，这就难以断定其好坏、美丑、利弊、胜负。这时，就需要等待、观察、了解研究，切不可贸然行事、信口开河地去下定论瞎承诺。

如果事情发展方向最终对头了，倒是皆大欢喜、相安无事；假设事与愿违，让别人揪住话柄，只能是自己吃不了兜着走了。

有些问题需要进一步了解事实真相，或看看事态的发展及周围形势的变化，方可拿主张。模糊表态就能给自己留下一个仔细考虑、慎重决策的余地。否则，君子一言，驷马难追，不仅会给人际关系造成不应有的损失，还可能会因此影响自己的前途和声誉。

5. 面对请求，有把握也别急着答应

很多时候，面对别人的一些请求，或许因为刚好是自己的专长，或许因为手头的资源便捷丰富，很多人会认为帮助别人是易如反掌，很有把握的，往往会马上就答应对方的请求。

不过凡事总有意外，使得事情产生变化，原本简单的事情也会变得复杂和难以完成，只好辜负了别人的满腔希望。因为一些意外并不是人能预料的，为了容纳这些"意外"，我们需要有足够的时间审视自己究竟能不能够做到对方的请求。

很多情况下，诺言的兑现，除了需要主观的努力，同时也被很多客观因素影响着。有些事情本来成竹在胸，但是由于一些意外情况使事情发生了变化，一时之间无法办到，这是常有的事情。因此，就算我们很有把握，也不要轻易许下诺言。

小林酷爱读书，朋友们都知道他的藏书很多，也有很多朋友问他借书看。

有一次，一个女孩开口问小林借书，小林对女孩已经心仪很久了，一听那本书自己有，就马上答应了。

谁知，等小林回家将上上下下的书架都找了一遍，发现这本书竟然不见了。问过父亲才知道，这本书前几天被父亲拿到单位去看，不小心丢在外面了。

这下小林急了，只好开始跑书店找这本书，不料，大小书店都跑遍了，也没有找到这本书。最后，小林只好对女孩说书借出去了，现在没法借给她了。

女孩说："你不想借给我就算了，直说不就好了？"小林一听，非常窘迫。女孩也算善解人意，看出来小林没有撒谎，就软下语气来说："如果你有些事情做不到的话，就先不要答应。"

……

小林就是因为太心急了，想给心仪的女孩留个好印象，反而事与愿违。

有时候事情就是那么巧合，说不定你越不想在哪里出问题，哪里就偏偏有问题，所以，再怎么有把握，答应的话也要悠着说。

做人有的时候要留个心眼，不要为了显示你的热心肠和你的无所不能而着急答应对方。就算你知道对方请求的事情你做起来很容易，你也不要把话说得太死，比如"没问题""看我的"之类的话一定要少说，这样的话反而可以多说几句："这件事一般来说没什么问题，不过我先看看情况再给你答复好吗？"或者"我不确定我公司里有没有什么其他安排，如果没什么别的事，我一定到。"

答应得太着急，如果事情有变，帮不了对方，往往会伤害双方的交情。良好的人际关系需要的不仅仅是热情，还有谨慎。

林志敏的大伯是某单位的档案科副主任，前几天，一个同学找她，说是自己的弟弟毕业了，需要找一个单位存放一下档案，问林志敏能不能帮个忙。

这个同学可是林志敏在高中时的一个好朋友，林志敏当即就答应了下来，说是周末就去帮朋友办。朋友还说："你就帮着我问问你大伯，也别为难人家，实在不行就算了。"林志敏却说："没事的，你就放心吧，肯定没问题的。"林志敏心想，不就是暂时存放一下档案吗？大伯是档案科的副主任，眼看就要提正了，这点小事肯定没问题。再说了，他们单位之前一直都有一定的名额，专门供单位以外的人存放档案，这件事还不是小菜一碟？

于是，同学就放了心，直接将档案交到了林志敏手上，还请她吃了顿饭，然后就一门心思地等着她的好消息。结果，当林志敏找到大伯时，大伯却说："我们单位刚出台了新规定，不许再接受外来人的档案了，即使是像往年一样花钱存放都不行。你答应人家之前怎么不先问一问？"

当林志敏十分抱歉地把这个消息告诉同学的时候，同学显得很不高兴，隐隐约约还有怀疑林志敏根本没把事情放在心上的表情。

林志敏本来以为自己很有把握能够帮朋友的忙，可惜天不遂人愿，世事变化莫测，不定什么时候就来了个变化，之前一直以为有把握的事情也变成了没把握。要想避免这样的情况，就算你很有把握，也不要急着答应。凡事要看看情况，再帮助别人，就像林志敏的大伯所说，答应人家之前先要问一问，这样即使事情办不成，对方也会感激你的付出，也不至于双方交情受损，给日后的交往造成难以逾越的障碍。

　　日常生活中，朋友之间相互帮忙，有人请托是常有的事。但一定要记得，许诺的话好讲，日后兑现不了难办。凡事先给自己一个考虑和缓冲的时间，不要急着答应。事情办不成，急着答应就会变得尴尬，显得自己没有信用；事情办成了，早答应晚答应都一样，何必火急火燎呢？

第八章

赞扬的话，情商高的人会润物无声地说

　　每个人都希望得到别人的赞美，每个人都对别人有一份期待，希望得到尊重，希望自己应有的地位和荣誉得到肯定和巩固。生活中，办事时没有人帮，事情处理起来就会非常棘手。因为你只有首先博得对方的好感，才能让他在你需要时伸出援手。于是，赞美就变成了你用来博得某个人的好感，帮助自己成事的良策。

1. 恰当的恭维，会让别人对你产生好感

在人们的交际过程中，巧妙的恭维是拉近两个人距离的敲门砖。每个人都喜欢别人的恭维。当然恭维是有技巧的，适度的恭维，会让别人对你产生好感。情商高的人，更懂得不动声色的恭维是最好的交际方式，同时也是最容易消除陌生感的一种方法。

越是傲慢的人，就越是喜欢别人对自己的恭维，越喜欢别人说的恭维的话。很多人总是说自己不喜欢被恭维，说自己不受恭维，非常愿意接受别人的批评。有些情商低的人，会将这样的门面话信以为真，毫不客气地直言批评，他们一定不会高兴，对于你的印象也一定会越来越坏。能够做到"人告之以有过则喜"这点的人凤毛麟角，就连很多自命为大师的人，都容不下别人的批评，更不用说我们这些普通人了。

我们身边那些情商高的人，在交谈的过程中运用一些贴切的恭维话，别人听了舒服，并且自己又不会太掉身价，所以说恭维话是处世的一门重要功课。对别人能说出恭维的话，每个人都应该能做到。比如，年轻人将希望寄于自身，上了年纪的希望自己的子孙能有出息。和年轻人交谈，如果你能找出他身上几个特点可以说明他日后的成绩不可限量，那么他在听你说完以后一定非常高兴，引你为知己。你如果称赞他父母如何了不起，他未必感到高兴，反而会觉得是自己带着父母的光环才能够在社会上立足。只有在称赞的时候把他们一家人全部都说到，才配他的胃口，才能使他觉得你是一个有眼光的人。

大名鼎鼎的卡耐基在小时候是一个捣蛋大王。他在 9 岁的时候，他的父亲把他的继母娶进家里来。当时他们家是穷苦家庭，他继母的家庭却非常富有。他的父亲一边介绍卡耐基一边说："亲爱的，以后你可要小心了，卡耐基是我们全郡最调皮的孩子，我对他是没有任何办法了。说不定明天早晨以前，他就会拿石头扔向你，甚至做出一些更坏的事。"

　　令人惊讶的是，继母微笑着走到卡耐基面前，托起他的头认真地看着他。接着她回来对丈夫说："你错了，他不是全郡最坏的男孩，而是全郡最聪明、最有创造力的男孩。只不过，他还没有找到发泄热情的地方。"

　　这句话让卡耐基的心里暖洋洋的，眼泪几乎滚落下来。而恰恰就是从这一句话开始，他和继母开始建立友谊。也就是这一句话，变成了卡耐基奋斗的动力，使他日后创造了成功的 28 项黄金法则，让许许多多的人走上了致富和成功的道路。

　　而在他继母到来之前，没有一个人称赞过他聪明，在他父亲和邻居的眼里，他就是坏男孩。但是，继母的这一句话，便改变了他一生的命运。卡耐基 14 岁时，继母给他买了一部二手打字机，并且对他说："亲爱的，我坚信你会成为一个作家的，不是吗？"卡耐基接受了继母的礼物和期望，而且他还试着向当地的一家报社投稿。他了解继母的热忱，也很感谢继母的心意，他亲眼看到她用自己的热忱，改变了他们的家庭。所以，他不愿意辜负她。

　　这股温暖的动力，激发了卡耐基的想象力，更使他的创造力开始爆发，帮助他和无穷的智慧发生联系，使他成为美国的富豪和著名作家，也使他成为了在 20 世纪美国有限的几个最具影响力的人物之一。

　　丘吉尔说："你想要人家有什么样的优点，你就怎样去赞美他吧！"生活在社会当中的每一个人都希望自己能够得到别人的恭维，都希望自己的优点被所有人都知道，都希望自己能够成为别人崇拜的对象。恰当的恭维别人，可以提高自己的修养，可以提高别人的信心和动力，可以让人们的关系更加融洽。

高情商的人深谙一个善意的恭维，甚至可以影响一个人的一辈子。不管我们是不是亲人，不管我们是不是有求于人，切忌嘲笑别人，给人家一个小小的恭维又何妨呢？一句话而已，而且我们也会因此而快乐的。恭维是一朵甜蜜的蔷薇，可以给对方缺少自信的心理带去一丝芬芳，除去心头的痼疾，矫正行为的错误，鼓舞信心，点燃其向善的勇气。

2. 肯定对方取得的成绩

现实生活中，肯定别人的成绩是高情商的人在人际交往中不可或缺的赞美手段。你如果能由衷地肯定别人的某项成绩，就会使对方产生亲和心理，这也不是难事。一个人的成就得到别人的肯定，他就会感到自我价值得到确认，荣誉感得到满足，内心就会对你产生"自己人效应"。因此，说话高手懂得在赞美一个人的时候，从他取得的成绩和成就入手，这样效果就会大大不同了。

在 2016 年 6 月 27 日结束的百年美洲杯决赛上，阿根廷与智利打满 120 分钟，最终在点球大战上阿根廷以 2 比 4 的比分不敌冠军智利，连续三次世界大赛决赛失利。而在赛后，心灰意冷的阿根廷队长梅西在接受记者采访时表示，将会从此退出国家队。

在梅西说要退出国家队的 24 个小时内，从阿根廷总统到马拉多纳，再到普通球迷，大家都在用自己的方式挽留着梅西。

"我从未对我们的国家队感到如此骄傲。我希望看到最好的球员继续为国效力很多年。"阿根廷总统马克里赛后在自己的推特中这样写道,并且在这段文字的最后加上了一个标签——"梅西别走"。不仅如此,总统马克里还在随后的内阁会议的新闻发布会上谈到了梅西,他表示:"我们真的是太幸运了,梅西给我们的生活带来了如此多的乐趣,他就是上帝赠予我们的礼物。我们这样一个足球大国,拥有世界上最优秀的球员,这是多么荣幸的一件事啊!"

　　而一名叫作优哈娜的阿根廷女教师信件,则从另一个角度向这位世界最佳球员表达了人们对他的期许与肯定。优哈娜在信中写道:"我不会和我的学生们说梅西的足球有多么美妙,我会告诉他们梅西曾近多少次苦练任意球才有了今天那令所有门将鞭长莫及的脚法,我会告诉他们梅西为了追逐自己的梦想曾经承受了多少注射药物的痛苦;梅西用他挣来的钱帮助那些和他一样曾经遭受病痛的孩子,梅西承担着世界上最重要的工作之一,同时也能做一个好父亲、好丈夫。我会告诉他们,即使是梅西也会罚失点球,而这恰恰说明即使是最伟大的人也会有所缺憾。"

　　最终,在铺天盖地的挽留声中,梅西决定重返国家队,并在9月世界杯预选赛南美区阿根廷的首场比赛上依靠自己的进球,帮助阿根廷小胜乌拉圭。在赛后的采访中,梅西特地表达了自己对于球迷的感激之情:"我之前说过我不会回来了,但是我还是回来了。在经过这么多的事情之后,我想回到阿根廷国家队。在说出那些话之后,我感受到了来自所有人无与伦比的爱,大家一直不离不弃——不仅仅是这一次,而是一直以来。对此,我真的非常感激,我不能不回来。"

　　人向来都是很注重外界对自我的评价的。成绩被肯定这种外界评价,就有助于创造良好的情境和情绪,也就是人们在赞美别人时所希望达到的效果。

　　美国管理专家查尔斯·施瓦布被认为是一个钢铁业的天才,他在当时年工资为 100 万美元。但事实上，查尔斯·施瓦布自己这样认为："我认为我所拥有的最大财富是我能够激起人们极大的热诚。要激起人们心目中最美好的东西，其方法就是去鼓励和赞美他人的长处。"

施瓦布的秘诀就是在公开或私下的场合，赞美别人。赞美可以使人奋发向上，促使一个人走向光明的路程，是前进的动力。在公关交谈中，真诚地赞扬和鼓励，能满足人的荣誉感，能使人终生难忘。美国作家马克·吐温说："一句好的赞词，能使我不吃不喝活上 2 个月。"他这句话的内在含义，就是指人们时常需要受人抬举和恭维。

英国著名首相丘吉尔曾说过一句话："要人家有怎么样的优点，就怎么赞美他！"说明赞美具有展现潜能的效果。对于高情商的人而言，对别人的成就，说一句简单的赞美话，实在不是一件难事，只要你愿意并留心观察，处处都能发现对方值得赞美的地方。你满足了别人的荣誉感，别人自然不会怠慢你，相信以肯定对方成绩来赞美别人的你，一定会取得意想不到的效果。

3. 赞美的话不是越多越有效

在生活中，我们都知道一个常识："一个气球吹得太小，会不好看；吹得太大，很可能会吹破。"同理，对他人的赞美也应该适可而止——真诚的赞美应该是恰到好处。赞美要适度，要充满真诚、发自肺腑。

然而在人际交往中，有的人在赞美别人的时候常常没完没了，好听的话语一句接着一句，刚开始对方或许会很高兴，但是说话的人却不知道及时刹车，最后被赞美者反而对他的溢美之词产生了抵触。

有一次，一个保险业务员来到一家花店推销保险，看见一个年轻姑娘正坐在那里阅读一本畅销书。

业务员走进去说："你好！我是来向你介绍我的保险业务的。咦？你也在看这本当今市面上最畅销的热门书呀！我也很爱看这本书。"

"对，这本书写得太棒了，简直就是一本社会大学的教材。"姑娘说。

业务员赞美道："你说得不错，一个人具备什么样的心态和智慧，决定了他有什么水平的认识。你一定读过很多书吧？"

"我没有上过大学，但我个人认为，进入社会通常要比课本上学到的东西多得多。"姑娘说。

业务员点点头，想起来什么："你说得太对了，你应该是这店的老板吧？"

姑娘谦虚地笑笑说："是的。一个小店而已。"

业务员说："哪里呀，我看你这么年轻，年龄一定不大？"

"我22岁。"姑娘说。

业务员脸上露出惊讶的神色："这个店一看就开了很久了，那么你很小就当老板了？"

"的确有几年了，我18岁就开了这家店。"姑娘说。

业务员越说越兴奋："哎呀，你看你这么年轻就开了一家如此精致的店，以后还会继续扩大，你的确是了不起！"

……

就这样没完没了的赞美，话题也越扯越远了，这位姑娘已经开始不耐烦了。她本来打算上业务员的保险的，最后也不买了。

虽然大家都喜欢被称赞，但是如果你用一连串的赞美轰炸对方，恐怕对方只有想逃跑的愿望。赞美就像一道美味的甜点，如果你给对方一小块品尝品尝，他会觉得味道甜美难忘。一旦给多了，对方会吃腻吃撑，最后只会感觉想吐。

"美酒饮到微醉后，好花看到半开时"，凡事都要适度，才能达到最佳的状态，赞美也是如此。要想让赞美发挥出最大的效果，就要掌握一个度。若是缺乏一些赞美的技巧，不管不顾，滔滔不绝，即使你的赞美并无虚假之意，也可能会变好事为坏事。

要想做一个善于赞美的人，就要懂得在赞美时控制好火候，将分寸拿捏得当，张弛有度，收发自如，才会让对方感到很舒服。但赞美得多了，会使得赞美失去新鲜感，甚至使对方产生反感心理。圣人云"过犹不及"，凡事都应该有个度，超出了那个度，效果就会打折扣。

并非任何赞美都能使别人高兴，能引起对方好感的只能是那些发自内心、恰到好处的赞美。相反，若是没完没了地赞美别人，别人会感到莫名其妙，还会觉得你油嘴滑舌、虚伪不可信。

《红楼梦》里林黛玉离父进京城，小心翼翼初登荣国府的时候，王熙凤的几段话就展现了她"会说话"的超凡才能。先是人未到话先到："我来迟了，不曾迎接远客！"尚未出场，就给人以热情似火的感觉。

随后拉过黛玉的手，上下细细打量了一回，仍送至贾母身边坐下，笑着说："天下竟有这样标致的人物，我今儿算见了！况且这通身的气派，竟不像老祖宗的外孙女儿，竟是个嫡亲的孙女儿，怨不得老祖宗天天口头心头一时不忘。只可怜我这妹妹这样命苦，怎么姑妈偏就去世了！"

王熙凤是个会说话的精明人，一席话，既让贾母悲中含喜，心里舒坦，又叫林黛玉情动于衷，感激涕零。王熙凤知道贾母心疼自己远嫁早逝的女儿和年少的外孙女，王熙凤夸奖林黛玉，贾母自然高兴；林黛玉固然好，也不能忽略了贾母的几个孙女，一并也夸了；而王熙凤怎么夸的黛玉呢？是比照贾母夸的，更间接地夸了贾母。

王熙凤真可谓是七巧玲珑心，两句话就把大家都哄得开开心心，而并没有罗列林黛玉多么多么好，贾母多么多么好，众姐妹多么多么好。所以赞美的话不在多，而在于恰到好处。

由此可见，赞美别人绝对不是单纯的赞语的堆积，懂得赞美的人在赞美对方的时候，不会一股脑儿地把赞美的语言抛出去，而会选择时机，巧妙地把几句赞美的语言不动声色地送出去。赞美的尺度掌握得如何，往往直接影响赞美的效果。记住，恰如其分、点到为止的赞美才是真正的赞美。使用过多的华丽辞藻，过度的恭维、空洞的吹捧，只会使对方感到不舒服，不自在，甚至难受、肉麻、厌恶，其结果是适得其反。

4. 请教的姿态，是让别人最受用的赞美

生活中，我们每个人都有"好为人师"的心理，所以，在许多时候以低姿态，有针对性地去请教他人，可以起到赞美他人的作用。恰到好处地使用此种方式，既成功地赞美了别人，又能给人留下为人虚心好学的好印象。

如果你所请教的，正是对方引以为自豪，并最感兴趣的，自然使对方高兴，心理得到满足，此时，就算你俩之前有什么问题也就不成为问题了。

张杰和赵祖玉是生意上的伙伴，私下里也是交情不错的朋友。有一次，张杰被赵祖玉请到家里做客，这是他第一次到赵祖玉家，他进门环顾了一下赵祖玉家的房子，说："老赵，我到过不少人家做客，但是从来没有见过装修得这么精致的客厅，你能给我讲讲你怎么装修的吗？"

赵祖玉微微一笑说："这是我亲自设计的，确实很多地方和别人家的不一样。当初装修完成的时候，我喜欢极了，可是我的工作太忙了，一直没来得及仔细看看这个房间。"

张杰走到墙边，用手在木板上一擦，就知道这是质地优良的英国橡木，却装作不知道地问赵祖玉："这是什么木料？意大利橡木？""确实跟意大利橡木有些相像，"赵祖玉高兴得站起身来回答说："不过不是，那是从英国进口的橡木，是我的一位专门研究室内橡木的朋友专程去英国为我订的货。"

张杰又开始询问赵祖玉："那你一定对英国橡木很了解了？快给我传授传授！"赵祖玉欣然答应。

他们愉快地谈了一个下午，最后赵祖玉兴奋地对张杰说："上次我在日本买了几张椅子，放在了走廊里，由于天天日晒，都脱漆了。昨天我刚刚上街买了油漆，打算自己把它漆好，你有兴趣看我的油漆表演吗？"

不论何时，要记得收敛自己的锋芒，把"什么都懂"让给别人，这就在无形中，让对方感受到他的渊博和重要，让他自己感受到这些字眼，比你直接说出来效果好得多得多。

谦虚的请教是一种最有力的恭维。谦虚的请教会抬高对方的心理地位，让对方有心理满足感。请教是在告诉对方：我认为你比我强很多，以至于我必须要请教你这方面的问题。所以，虚心的请教等同于高超的赞美，有时候不妨把自己变得"外行"一点。

当你有求于对方的时候，你也可以用这种请教的赞美方式，让对方自己将自己的内心展示出来，之后你就可以采取一些"攻心术"，让对方高高兴兴地走近你甜蜜的圈套。

蔡煜是一个准备在学术领域有所建树的人，说不上多出名，但他却认识许多学术界的泰斗，并常常得到他们的指点。

因为有很多人也曾拜访过这些大师，但往往谈不了几句便无话可说，很快被"请"了出来，而他竟成为大师们的座上客，其中自有奥秘。好奇的朋友问及他们之间的相识过程，蔡煜说那是缘于赞美运用得法。

蔡煜和其他一些人一样，也很仰慕这些大师，他得知拜访这些人机会难得，成为常坐之宾更是不易。于是，每次拜访一位初次见面的专家之前，蔡煜都要做功课，他先将这位大师的生平履历弄清楚，再将大师的专著和特长仔细研究一番，并写下自己的心得。

等到见面之后，蔡煜会先赞扬对方的专著和其学术成果，并提出自己的想法。由于他谈的正是大师毕生致力于其中的领域，自然也就激起了大师的兴趣，并有了共同话题，谈话中，蔡煜会提出自己不理解的地方，请求大师指点，在兴奋之际大师自然不吝赐教，于是蔡煜既达到了结交的目的，又增长了许多见识，并解决了心中存在的疑惑，可谓一举多得。

蔡煜就是一个把赞美藏身于请教之中的高手，我们在谈话的时候，也要懂得随时将自己的身段放低，用请教的方式让对方打开话匣子，同时也卸下对自己的心防。

比如，赞美一位公司老板经过艰苦奋斗获得成功，不必当面说他的各种不平凡的经历，只需要向他请教："您企业经营得这么好，您个人成功的秘诀是什么？"他就会向你诉说一些你或许早就已经知道的经历，你不用多花费口舌，就能够达到相同的目的。再比如，向一位女子请教她穿衣打扮的技巧，比奉承她漂亮更能讨得她的欢心。

直白的赞美或许会让人不以为意，甚至产生戒心，而请教让对方觉得比自己高明，受到自己的仰视和崇拜，是把赞美以含蓄的方式做到了极致。正如拉罗什夫科所说："赞扬是一种精明、隐秘和巧妙的奉承，它从不同的方面满足给予赞扬和得到赞扬的人们。"同理，请教无疑也是一种精明、隐秘和巧妙的赞美，学会这一招，你会越来越如鱼得水，一帆风顺。

5. 赞美无处入手的时候，不妨谈谈对方衣着的变化

如今不论男女老少，注意自己衣饰打扮的人越来越多了，只要你在交谈的过程中提及对方的衣着变化，对方一定会接受你的好意，不自觉地将话匣打开，你的赞美也就能够展开了。

比如，当一个同事突然换了一套衣服以后走进办公室时，总有人要赞美一番："哇，你今天真不错！看起来年轻了好多。"亲热一点的还会上前摸摸衣服的质地，从上到下地打量一番。其实这位同事已经开始老了，毕竟四十挂零了么，这套衣服也并没有那么好，甚至是和她以前的衣服相近的。但是对方会因为得到赞美而高兴起来，并对赞美自己的人心生亲近。

刘珊辉是个老实、木讷的普通女子，平时就像一株沉默的植物，永远引不起大家的注意。所以，尽管她工作勤勤恳恳，可在公司里总是不上不下，几年如一日地待在当初的位置上。

老板最近出差，要带几个员工一道去。在火车上，刘珊辉的铺位刚好在老板的旁边，两人寒暄了几个问题后，就陷入了沉默。刘珊辉感到，这种大眼瞪小眼的气氛有些尴尬，一定得找点什么话说来打破僵局。可是她从来不和领导打交道，实在不知道从何谈起。

突然，刘珊辉注意到老板新换了一条靓丽时尚的丝巾，非常显眼，于是就说："老板，你这条丝巾真好看，质地很轻薄，在哪里买的？"

原本只是没话找话，但老板一听，顿时眼睛里有了亮光。"这条丝巾啊，我在杭州一家正宗的老字号买的！"老板的话匣子一下子打开了，开始滔滔不绝地讲述自己在服装搭配上的心得，还善意地指出刘珊辉平时在工作中着装的不足，两人言谈甚欢。

下车的时候，老板意味深长地说："刘珊辉啊，看来以前对你的了解

太少了，今后你好好干。"

人际关系处理中有一个重要法则：赞美对方衣饰细节的变化，能迅速拉近双方间的距离。"丝巾"这个话题，让刘珊辉歪打正着，打开了双方的僵局。就是看出老板换了条新丝巾，刘珊辉和老板之间的沉默气氛马上改变了，关系也改善了，顺便还了解到不少老板的个人喜好，拉近了上下级之间的关系。从老板最后说的话可以看出，刘珊辉也通过这个机会展示了自己，给老板留下了不错的印象。工作中，不管是对上司、下属还是其他同事，不妨多用用这个方法，观察对方的衣饰变化，并进行适度赞美，你会收到意想不到的效果。

林漫是一个化妆品推销员，她特别善于记忆客户的各种细节变化。有一次，她去拜访客户胡女士。胡女士是个40岁上下的女人，虽然长相平平，但是特别爱打扮。刚到胡女士的办公室，林漫就看到胡女士的一袭黑色连衣裙，她说："林姐，你的裙子真不错，又简单又清爽。真是有奥黛丽·赫本的优雅气质呢！"胡女士听了非常高兴，因为平时很少有人关注她的衣着变化，而林漫每次都能注意自己换了什么衣服并加以赞美。

于是在接下来的聊天中，她们聊得非常愉快，从工作聊到生活，然后，很自然地又聊到了美容上面，林漫便见机把她推销的新产品介绍给了胡女士。

林漫并没有用什么特别的推销技巧，只抓住了这一点：时刻注意客户身上的变化。客户自然欣慰于林漫对自己的关注，却不知道或许林漫在私底下专门记录客户的各种细节变化呢？

高情商的人在不了解一个人的时候，通常不会直接称赞对方，而是称赞与对方有关的事情，这种间接奉承在无话可说时比较有效。如果对方是女性，则可以将她的发型、服装和配饰作为间接奉承的最佳对象；如果对方是男性，他的着装品位则可以成为你提及的话题。

适度指出别人衣着的变化，表明你对他人的关注，对方自然会对你亲近起来。最有效的赞美，一定要设身处地站在对方的角度，才能为自己的赞美和双方的亲近打开一个新局面。

6. 情商高的人，懂得背后赞美更胜当面恭维

人的天性使得人人都喜欢被恭维，那些针对自己的赞美和夸耀能让人的自豪感和虚荣心得到极大的满足和愉悦，并对说好话者产生亲切感，继而拉近彼此间的心理距离。但恭维话怎么说，需要讲究方式方法，背后赞美就是一个能产生奇效的好方法。

高莉的一个朋友，在与高莉的另一个朋友闲谈时，顺便说了高莉的几句好话："高莉是一个很不错的女孩，细心又沉稳，跟她做朋友蛮幸运的。"

这句话很快就传到高莉的耳朵里去了，这免不了让高莉觉得感动。而同时，这个说好话的朋友在高莉心目中的形象也大大提高。

之前那个夸赞她的朋友与高莉并不是特别亲密，高莉知道了她的夸赞以后，主动与对方多交往，之后两人的友情也愈发深厚了。

为什么说当面赞美别人的效果不如背后赞美的效果呢？这要考虑到人们的心理。人们通常认为，当面说别人好话、恭维别人的水分较多，说得再好听也不全是真心实意的表露；而在背后说一个人的好话通常被认为是真实想法，所以能引起当事人的重视，人家才会领你的情，并对你产生好感。

试想，如果别人告诉你：某人在你背后说了关于你的不少好话，你会怎么样，肯定不会不高兴吧？这些好听的赞美话，如果当着我们的面说给我们听，或许反而会使我们感到不可信，或者疑心他有什么别的目的。

有的时候，背后赞美别人能够起到激励的作用，美国总统林肯就很善于运用这一赞美方式，促成了"常胜将军"的产生。

南北战争开始时，北方联军连吃败仗。后来林肯大胆起用了一位将军——尤里斯·格兰特。格兰特出身平民，衣着不整，言语粗俗，行为莽撞，有人还说他是个酒鬼。林肯心里明白，所有对他的传言都是夸大之辞。

后来，传言愈演愈盛，竟然有人要求林肯撤掉格兰特的军职，其理由是说他喝酒太多。林肯则不以为意，他赞扬格兰特说："格兰特总是打胜仗，要是我知道他喝的是哪种酒，我一定要把那种酒送给别的将军喝。"

格兰特没有辜负林肯的信任，为结束南北战争立下了赫赫战功，证明自己的确是一位能力卓越的将军。后来，他成为了美国第18任总统。

如果你想和一个人达成融洽的关系，就可以多在第三者面前去说这个人的好话，这是一种最有效的方法。假如别人对你说："×××经常对我说，你非常有才华，他很钦佩你。"你会感到非常愉快。那么，我们要想让对方感到愉悦，就更应该采取这种在背后说人好话的策略。因为这种赞美比起对一个人当面说"先生，我是你的崇拜者"更让人舒坦，更容易让人相信它的真实性。

德国近代史上的著名政治家"铁血宰相"俾斯麦，对于拉拢别人很有一套。为了要拉拢一个对他有抵触心理的部下，他开始有计划地对别人赞扬这个部下，他知道那些人听了以后，一定会把他所说的话传给那个部下。久而久之，对方就消除了对他的敌视。

赞美是一门学问，其中的奥妙无穷，在第三者面前赞美对方是最有效的方法。这会让当事者认为那是认真的赞美，毫无虚伪，于是真诚接受。如果被赞美者是你的下属，他会深受感动，以后会更加努力工作，以报答你的欣赏；如果这个人是你的上司，在你评价的认可下，他会对你更加信任，对你也会刮目相看；如果这个人是你的朋友，他在深受感动的同时，会认定你是他应该深交的好友。

　　在背后说人的好话，有的时候还有一箭双雕的功效。比如，你夸你的同事，说他为人正直，对你的帮助很大，而且从来不抢功。以后，你的同事在"抢功"时会有所顾忌，因为你对他"从来不抢功"的评价把他抬到了高架子上，想下来却不容易。同样，你在背后说朋友的好话，说他是个很讲义气的人，也会让朋友在享受赞美的同时，以这个赞美来要求自己。

　　间接听来的，会让人觉得非常悦耳，会觉得那是真诚的赞语而欣然接受。人与人之间传播的最快的就是话，所以你不用担心你的赞美之言传不到当事人的耳朵里，背后赞美，对方一定会记着你的情。

7. 赞美是办事前博人好感的良策

　　办事时没有人帮，事情处理起来就会非常棘手。因为你只有首先博得对方的好感，才能让他在你需要时伸出援手。于是，赞美就变成了你用来博得某个人的好感，帮助自己成事的良策。

　　每个人都希望得到别人的赞美，每个人都对别人有一份期待，希望得到尊重，希望自己应有的地位和荣誉得到肯定和巩固。这时，男人恰如其分地赞美，正好可以满足大家的这种心理，你赞美了别人，别人才能对你产生好感，才会愿意和你交朋友，愿意帮助你成大事。

虽然成功男人在很多方面存在优势，但也不可避免地存在"有求于人"的情况。怎样才能求得他替你办事，而不至于被对方拒绝呢？ 这就是考验你赞美功夫的时候了。只要你能把对方捧上天，就不怕他不帮你办事，因为不帮你办事，会有损他的自尊心！

如何把对方捧上天？这就需要男人突破以往赞美别人的尺度，适当有所突破。你巧妙地吹捧他，将对方引入你设定的情景，然后提出你的要求，这样会使你的要求成功地得到满足。

当一个人很有兴趣地谈到他的专长，或他所取得的成绩，或他所开展某项业务的辉煌时，你适时地提出与之相关的要求，在这样的时刻，他拒绝你的可能性最小，你的要求得到满足的成功率最大，这是经过心理学家及社会学家的实验所证明的。当你有求于人时，就去赞美他，吹捧他，营造一个合适的氛围，使你的需求最大可能和最大程度地得到满足。如果像有些人，只知道自己诉苦，让别人帮忙，激发别人的同情心，还是不够的。

虽然大家都爱听赞美的话，但是赞美也要注意对策，并非任何赞美都能使对方高兴。所以说，赞美也是门大学问，成功男人的赞美要有策略。

只有别出心裁的赞美，才能打动对方的心。最好赞美他的一些闪光之处，也可以赞美他的一些不为人知却自以为得意的事。

一个男士长得很像某位电影明星。当他和朋友一起出来玩时，首次见到他的人总是说他和某个明星长得很像。通常被认为与某个名演员很像，大多不会生气，但这位老兄听着心里就是不舒服。因为那位电影明星专演冷酷、反派的人物，因此别人说他们相像，虽然是赞美，却也等于在指责他的缺点。

也许朋友们在说这半为奉承、半开玩笑的话时，并没有特别的含义。但是，事实上这种赞美的方法实在不怎么高明，成功男人自认为是缺点的事，却被别人拿来夸赞，当然让他有些难以接受。

其实，说话高手在赞美他人的时候，应该针对其过去的事迹、行为或身上的优点等作适当的赞美。

比如到别人家做客，主人喜欢养金鱼，你应该试着去欣赏那些鱼的美丽；主人爱养花，你应该去赞美他所养的花草。赞美别人最近取得的工作成绩，赞美别人心爱的宠物，要比说上无数空泛的客气话要有效得多。

任何赞美的话都一定要切合实际，与其乱捧一场，不如赞美房子布置得别出心裁，或赞美一个盆景的精巧，或赞美装饰的精致，要注意欣赏他人的爱好与情趣。

动心先动情，说话高手要想在事前博得别人好感，得到帮助自己成事的力量，就要学会赞美别人，做一个有心之人，让赞美在你的身上产生神奇的效果，让赞美他人成为助你博得别人好感的良策。

第九章

批评的话，掌握好分寸地说

要想批评一个人而又不伤感情，不使双方因为一件小事正面交锋，就可以用讲故事、正话反说或幽默的方式间接暗示对方，提醒其注意自己犯的错误。暗示的方法避免了双方的正面冲突，给了对方一个台阶，带有幽默感的暗示批评更让人接受起来非常轻松。这比直接的教训和斥责要高明许多倍。

1. 先肯定后批评，不要让批评成为负面力量

俗话说："旁观者清，当局者迷。"在现实生活中，大多数人对自己存在的问题往往觉察不清，需要旁观者去劝导说服。但"忠言逆耳"，生活中常见这样的情景，本来你是好意给对方提出忠告，对方却往往很不高兴。

批评是批评者对受批者的不恰当思想和言行给予的否定的评价，以唤起受批者的警觉，去努力改正他们自身的缺点和错误的一种方法。

但是批评若是运用得当，它会帮助别人改进原来的错误观念，或消极的做事方式，但若运用不好，负面效应可能大于正面效应。不但使朋友蒙受委屈，还会使彼此的友谊陷入僵局。

刘强和董方奇是很好的朋友。刘强个性很独立，但是他自己却毫无技能，因而常被董方奇批评。董方奇说："你为什么不自己找份工作来养活自己呢？""你不觉得你太懒了吗，懒惰是个坏习惯，会让你变得堕落的！""刘强，你看看你都干了些什么，你都已经24岁了，还是一事无成！"

刘强刚开始很不服气，后来也不再反驳，默认了董方奇的批评。以后，每当董方奇批评他的时候，刘强都会不发一言地走开。

为了不让董方奇看扁，刘强决定离开家去外面闯闯。这让董方奇很高兴，还以为这正是他的批评有了效果。然而，事情并没有那么顺利。在外漂泊的刘强找工作屡屡受挫，渐渐迷失了生活的方向，交上了一些坏朋友，

打架酗酒，时间一长，坏习惯慢慢地积累起来，刘强竟然变成了藏毒贩毒的罪犯。

董方奇去关押刘强的监狱探监的时候，心里非常难过，但是他还是认为，刘强是因为太不求上进，所以才走上犯罪的道路的，于是他准备好好劝说他几句。而这时刘强却先开口了，他说："你不要再批评我了，我已经受够了。你每次都会批评我，可是我也需要关心，需要鼓励。你明白我的感受吗？！"

汉斯·希尔也是一位著名的心理学家，他说："太多的证据显示，我们都不喜欢受人指责。"如果你总是喋喋不休地指责一个人，那么他就会不知不觉往你说的那个坏方向上走去。频繁的批评足以使任何人意志消沉，即使最好的朋友也不例外。

许多事实证明：因批评引起的愤恨，常常会使被批评者情绪低落、做事没有精神，而对于应该改进的状况，却一点作用也不起。所以，当你要指责别人的时候，千万别让你的批评成为负面力量。

批评是一把双刃利剑，既可以救人，也可以杀人。当你好心拿起这把剑去救别人时，你恰好用到了这把双刃剑的"杀人"一面，你最后极有可能获得的结果是，使朋友更加消极起来，或者让朋友越来越反感你。不过，要是你能巧妙地提出批评，用到了剑的"救人"一面，会使大家心里都皆大欢喜，你的人气也会随之提升。

单纯的批评或许会让人失去信心，丧失继续前行的勇气，加以适当的赞美，就好比在苦药里加糖一样，让人容易喝下去。一个美国企业家说过："不要光批评而不赞美。这是我严格遵守的一个原则。"批评之前先将对方的优点指出来加以肯定，接下来的批评也就容易让人接受。适当的肯定，能够将批评的双刃剑"杀人"的一面包裹起来，避免对方受到伤害，同时也能达到教育和促其改正的目的，可谓一箭双雕。

约翰·卡尔文·柯立芝是一位以少言寡语出名的美国总统。他常被人们称作"沉默的卡尔"。柯立芝有一位女秘书，她非常漂亮，但是工作时却有些粗心，经常出错。

一大早，秘书走进办公室，柯立芝总统说："今天你穿的这身衣服真漂亮，正适合你这样年轻漂亮的姑娘。"这几句话出自以沉默著称的柯立芝口中，简直让秘书受宠若惊。

柯立芝话锋一转，又说道："但是，你也不要骄傲，我相信，你的公文也能处理得和你一样漂亮。"从那天起，女秘书在工作中很少出错了。

一位朋友知道了这件事，就问柯立芝："这个方法很妙，你是怎么想出来的？"柯立芝得意地说："这很简单，你看见过理发师给人刮胡子吗？他要先给人打上肥皂泡沫，为什么呢？就是为了刮起来不会让人疼。"

当面指责他人，只会造成对方顽强的反抗，而巧妙地暗示对方注意自己的错误，则会受到爱戴和喜欢。在开始批评别人之前，要先真诚地赞美对方，然后再开始批评，往往更有效。

就像和暖的阳光比肆虐的北风更容易让人将大衣脱下来，赞美和肯定永远比批评更为有效。

2. 在批评时，保持温和的态度

每个人的自尊心都很强，所以我们在批评别人的时候一定要注意不能损害他人的自尊心，哪怕你的动机是好的，你也有充足的理由批评对方。

如果想让对方乐意接受你的批评，不如换一种温和的方式，温婉地把你的意见表达出来。

要知道"良药未必全苦口，爽耳忠言更利行"。批评别人的时候，好的动机、美妙的语言，再加上温和的态度，才能最大限度地达到让对方改正错误的目的，同时还能得到人们尊重和喜爱。

其实，一般来说，人们都能接受正确的批评。不能接受的只是批评的方式和方法。所以，在进"忠言"时一定要有个温和的态度，使之能够接受和乐于接受，然后在言语里多放些糖，就能使批评的话不"逆耳"。

温和的批评态度让对方觉得更容易接受，虽然仍旧是批评，但是却以润物细无声的方式悄悄地打动了被批评者的内心，如果你的地位比对方高，就更容易让对方心怀感激。

每个人都希望别人能够顺着自己说话，批评的时候也不例外，一个温和的态度让人如沐春风、心情愉快，自然会欣然接受。在工作中的批评要温和，在家庭中也不能因为熟悉亲密而太过随便，像下面这位丈夫，就非常懂得温和的批评之道。

有一对夫妻共同生活了几年之后，丈夫发现妻子在家务方面越来越粗心，相反，对看电视、上网、看流行小说之类的事反到越来越感兴趣，而且把大量的时间用在这些闲事上。

一天晚饭后，丈夫问妻子："晚上准备做什么呢？"

"看电视呀，你没注意到吗？那部连续剧演到最精彩的部分了！"

"看完电视以后呢？做什么？"

"嗯，我想想，对了，新买的那部小说还没看完，我想继续看完，另外我还要上博客写一点儿感想。"

"当这些事办完之后，你能不能帮我做点事呢？"

"好啊，什么事？"

"给我准备一双不带灰尘的鞋子和一件不缺纽扣的衬衣。"

妻子一听就笑了，她立刻认识到自己的错误，并向她的丈夫道歉："真对不起，亲爱的，我忽略了你。"随即起身为丈夫打理衣服。

这位丈夫可谓是非常善于运用批评的技巧，他先耐住性子，询问对方要做的事情，再以委婉的口气将家里的家务没有做好的事实列举出来，造成既好笑又有责备意味的幽默效果，使对方听后不觉刺耳，从而顺利地接受了他的批评。

批评他人的时候，如果我们换一种方式，把冷冰冰的、带有怒意的语气变成温和的、委婉的语气，对方就会觉得自己受到了尊重和关爱，当你给他摆事实、讲道理的时候，他自然会心悦诚服，真诚地接受你的批评。

3. 先进行自我批评再批评别人，这样效果更好

批评者因为立场的原因，有时会把自己与被批评者放在对立的两边，这样，批评的过程就变成了一种"打倒对方"的行为，对方自然会有抵触心理，就算表面上接受了批评，其内心还是不服气的，也不利于错误的改正。

如果我们在批评别人的时候，先就自己的错误提出自我批评，再批评对方，批评者和接受批评的人就站在了"统一战线"上，形成一种对错误同仇敌忾的局面，更有利于对方认识到自己的错误，有利于纠正错误。

某公司有一位主管，每当发现有人工作态度欠佳，或者是生产过程中出了什么差错时，他会在下班后，把那人叫到办公室，然后亲切地问他："最

近你没有什么困难吧？我工作比较忙，最近对你们关心太少，希望你们不要介意。这次出的这个小差错，可能是我平时过于疏忽，没有及时地提醒大家。以后有什么问题，不管是工作上的还是生活上的，尽管找我提。"

他一这样说，那位职员早已羞红了脸，非常诚恳地跟主管交代原因并道歉，以后再也没有出现过类似的毛病。由于成功地运用了这种策略，这位主管把自己负责的车间管理得秩序井然，工人们严守纪律，自愿为公司效劳。

批评别人先批评自己，容易使对方接受和消除"火气"。当被批评的人先听到的不是对自己的横加指责，而是对方的自我批评和对自己的宽容和谅解，一定会非常感激对方。自我批评造成了一种民主平等的氛围，会引起犯错之人的心灵共鸣，对方会更愉快地接受批评。

被批评者经过这样的批评之后，与批评自己的人的心理距离一下子变得很近，不但更乐意接受对方的批评，还会更加勇于承担责任、勇于自我批评。同时，勇于自我批评会让犯错者对你更为钦佩，一举多得，何乐而不为呢？

大孙在一家合资公司当业务经理。在他刚到公司当业务员的时候，经过了短期培训，就逐渐进入角色。过了一段时间，业务上日渐顺手，大孙的能力也得到相当展示。就在他准备跳槽到更大的一家公司发展时，大孙在业务上出现了不应有的失误。这次是老总找他谈话。大孙当时心里有抵触，加之已有跳槽想法，便满不在乎地走进老总的办公室。

老总经验丰富，大孙一坐下，老总就开口道："这件事是我的责任。在你的业务培训中，我没有将具体的相关注意事项跟大家讲清楚。我已经通知了培训部门，将这一内容加进培训材料中去。这件事上你给我提了醒，让我的工作避免了更多的损失，我要向你表示感谢。"

大孙没有想到是这样的结果，原来的那点抵触心理也烟消云散了。他甚至打消了原本想要跳槽的念头。经过一段时间的思考，他在这份工作上更加努力了。后来，他提出了好几项合理化建议，让公司受益匪浅，提高了不少效益，大孙对工作更加有热情了。

现在他已经做到了公司的业务部经理，在批评他人的时候，他也学会了这种自责式批评，下属犯错的时候，先从自己身上找原因，下属对他也是"忠心耿耿"。

作为一个批评者，特别是处于"高位"的批评者，比如教师、家长、上司等，在批评学生、孩子及下属的时候，要特别注意，先从自己的角度寻找做得不好的地方，并坦承以告，再提点对方的错误。

在批评别人前，要先从对方角度想一想，为什么他要那样做。有时候，对方可能是有难言的苦衷，没有办法，又不愿意向别人透露隐情。

先做自我批评的批评方法是在平等和尊重对方的基础上进行的，易为人所接受。你想，当你犯了错误惴惴不安地等待对方的责备时，听到的却是对方对双方的批评，一下子就把你因为犯错而自觉低人一等的感觉完全扭转了。

这种批评是由批评者自己主动承担责任，往往让被批评者不由自主地反省自身，进而产生内疚心理而不是抵触情绪。人都是这样，当别人逆着自己的意思的时候，自己往往会硬抗到底，当别人顺着自己的立场说话，自己反而就不好意思起来，会主动向对方批评自己的错误。

先进行自我批评，既达到了批评目的，又赢得了人心，可谓一举两得。

4. 批评还要善后，打一巴掌再给个"甜枣"吃

有一句话这样说："打一巴掌再给个'甜枣'吃。"还有说"胡萝卜加大棒"的，意思是先对犯错者施威，批评或者责罚，使他对自己的错误有一个直观的认识，待他的愧疚心平息下来，又要适当地给他一点甜头，引导他朝正确的方向走。

任何人在遭受别人的责备之后，都会垂头丧气，对自己的信心跌入了低谷。比如，一个公司职员遭到老板的批评，心中难免会想：我以后别想在这家公司混了。如此所造成的结果必然是他更加自暴自弃，甚至会产生离职而去的念头。然而，此时老板若能适时地利用一两句温馨的话语来鼓励他，或在事后对其他部属表示：我是看他是个可造之材，所以才骂他。当员工听到这样的话后，很容易认为："原来老板也不是冷酷无情的。"他们也许会想："继续努力仍有升职加薪的机会，好好干，领导也许会因为我的出色表现对我另眼相看。"

某领导发现秘书写的总结有不妥之处，他叫来秘书说："小张，这份总结写得不错，思路清晰，重点突出，有几处写得很有见地，看来你下了不少功夫。只是有几处地方提法不太妥当，有些言过其实，还有的地方比较空泛不够具体，麻烦你再修改一下。你的文笔不错，写总结也是越写越好，我相信你这一次一定能够改出一份更好的总结来。"

这位领导很善于批评下属，在批评的外面包上了厚厚一层糖衣，让对方接受批评的同时，受到了表扬。他先是肯定了秘书的工作和努力，并将其中的优点指出来加以赞美，再委婉地提出不足之处，最后再给对方一个鼓励，或许这位秘书会觉得领导的话纯粹就是鼓励而不是批评。

张君一向上班准时，最近的一个多星期，他却一直迟到。同事们都是早早来上班，自然对张君最近的迟到颇有微词。这些，林经理看在眼里，这天，工作不忙的时候，林经理将张君请到自己的办公室，问张君："小张啊，最近为什么上班都不按时呢？公司有规定，不得迟到早退的。"张君有点不好意思，说："最近睡眠不好，早上总会晚起一会儿，所以就来晚了。"

　　林经理说道："一个公司就该有一个公司的制度，你这样迟到，不但影响工作，还在同事之间造成了不好的影响。早上起不来不能作为迟到的借口，以后注意自己的作息，不要影响工作。"张君低头不语。

　　林经理说："这样吧，念你是初犯，这次就不做计较了，今后一定要准时来上班，否则就要按规章办事了。"张君说："我以后一定会按时到岗的，请您放心。"

　　林经理最后又说："在我的印象里，你一直都是严守纪律、工作热情高而且技术不错的人，把工作交给你，我很放心，希望你能再接再厉。"说到这里，张君眼里有了光彩，顿时精神起来，说道："谢谢经理鼓励，我不会让您失望的。"

　　如果我们把发威比喻为"火攻"，就可以把施恩视为"水疗"，一味地"火攻"和"水疗"都不能达到理想的效果。唯有水火并进，双管齐下，才是最好的方法。

　　无论什么情况下，当别人犯下不可原谅的错误时，相应的负责人必然要对其加以斥责。然而，会说话的聪明人，在批评对方之后，务必不忘立即补上一句安慰或鼓励的话语。也就是说，先用"火攻"镇住了局面，接着通过"水疗"把恩泽缓缓传递下来，以浸润到对方心中。恩威并举，令对方不得不佩服你。

　　批评一个人的时候，在结束前把话往回一拉，鼓励一番，能让对方觉得放松和愉快。这种具有感情色彩的客观评价，往往能温热被批评者的心，使他们真心实意地接受批评。批评过后也要采取一些"善后"措施，比如帮助对方补救错误造成的后果，尤其是人际关系。

批评归批评，生活和工作还要继续，交情也要继续，抚慰人心的善后工作，能让对方将遭受批评而失落的信心重新找回来，能将之前做错的事情弥补回来，更能让双方的关系更为融洽和亲近。批评的大棒过后，一定要记得给对方一个甜枣，做好善后的各项事宜。

5. 情商高的人会用暗示法批评，避免正面冲突

错误是一个人的痛脚，如果不管三七二十一直接地揭露出来，必然会让对方下不来台，对方会非常恼怒，特别是面对自己的上级的时候，如果你老是揭露他的错误，那么你的前程就岌岌可危了。所以，我们必须用暗示的办法将批评巧妙地进行下去。

有些人可能不明白，错误就是错误，又怎么能暗示呢？如果自己不明说，对方岂会明白。事实上，暗示一定能够让对方意识到错误，几乎每一个人都有判断是非对错的能力，即使你不说，他也大概知道自己是不对的。因此，只要我们稍加提点，对方就可以清晰地明白自己的过错。

战国时，齐景公非常爱马。一天，一匹他最心爱的马突然死了，齐景公非常伤心，不分青红皂白，非要杀掉马夫以解心头之恨。众位大臣一起劝阻齐景公不可为了一匹马而杀人，而齐景公因为爱马之死非常痛惜，谁说也不听。

这时，国相晏婴排众而出，群臣都以为晏婴也是出来劝诫齐景公，但是谁也没有料到，晏婴却声音洪亮地说："臣以为，这个可恶的马夫，该杀！"齐景公一听晏婴赞同自己，显得十分高兴。这个时候，晏婴来到了捆绑那个可怜的马夫的柱子前，要向众人历数马夫的罪过。

晏婴用慷慨激昂的语气说："你可知你有三大罪状？你没有看好马，让马突然死了，这是第一条死罪；你让马突然死去，却又使得君主非常恼怒，这是第二条死罪。"听晏婴陈述马夫的前两条死罪，齐景公的心中非常顺气。

但是，晏婴突然话锋一转："你惹怒国君因一匹马杀死你，使天下人知道我们的国君爱马胜于爱人。天下人都会因此而看不起我们的国家，这更是死罪中的死罪，所以你罪当问斩！"

听完晏婴诉说马夫的第三条罪状，齐景公顿时敛住了笑容。晏婴则装作没看见，大声吩咐宫廷侍卫："来人，按国君的意思，将这个罪大恶极的马夫推出去斩了！"这时齐景公如梦初醒，赶紧说："且慢！"又对晏婴道："相国务必息怒，寡人知错了。"

众大臣直接劝谏，齐景公皆不采纳。而晏婴没有正面批评齐景公，却达到了劝谏救人的目的。可见用暗示的方法去批评别人，的确效果非凡。暗示既能给人留面子，还能让对方自己意识到错误之处，批评的效果更为有效。

一个穷人，应邀到朋友家做客，可是这位朋友的招待实在太差劲了，仅仅给他喝了半杯米酒。临走时，他恳求主人在他的两边腮帮子上各打一个耳光："为的是让我老婆看见我两腮通红，以为我吃饱喝足了。"

这位穷人没有直接批评朋友的吝啬，而使用暗示的方法，让对方明白自己没有吃饱喝足，批评了对方的招待不周。很多时候，一些批评或指责的"真话"无从开口，不如幽默地暗示对方一下，既保全了双方的颜面，又能达到目的，可谓是最佳方案。

罗西尼是 19 世纪著名的意大利作曲家。有一次，一个作曲家带了份七拼八凑的乐曲手稿去向他请教。演奏过程中，罗西尼不住地脱帽。作曲家问："是不是屋里太热了？"罗西尼回答说："不，我有见到熟人脱帽的习惯，在阁下的曲子里，我碰到那么多熟人，不得不连连脱帽。"

对于这位求教的作曲家东抄西抄的乐曲手稿，罗西尼显然非常不满，但他没有点破对方的抄袭拼凑，而是用富于幽默的"不住地脱帽"的动作和"碰到那么多熟人"的解释，暗示了自己尖锐的批评意见，这种批评虽不如直说那般鲜明尖锐，但它生动形象，且耐人寻味。为人保留了面子的同时还富于讽刺意味。

无独有偶，鲁迅先生也曾对许广平的一篇论文《罗素的话》作评价："拟给 90 分，其中给你 5 分（抄工 3 分，末尾几句议论 2 分），其余的 85 分给罗素。"也是暗示了许广平的这篇文章自己独创的内容太少，委婉地批评了她。

要想批评一个人而又不伤感情，不使双方因为一件小事正面交锋，就可以用讲故事、正话反说或幽默的方式间接暗示对方，提醒其注意自己犯的错误。暗示的方法避免了双方的正面冲突，给了对方一个台阶，带有幽默感的暗示批评更让人接受起来非常轻松。这比直接的教训和斥责要高明许多倍。

6. 批评别人时，场合很重要

在生活中，我们常常见到一些领导在会议上点名道姓地公开指责一名员工，而这些领导从来就没有站在自己孩子的角度感受被批评的滋味。试想有第三者在场时，批评会令员工感觉颜面尽失，也会令第三者感到尴尬，这样无形中员工的心里就会留下对领导者的心理恐慌和一种危机感。

这也许不是领导者故意为之，可能是一种习惯，但是这种习惯要不得，它会损害领导者在员工心目中的个人形象，对领导的个人魅力评价会大打折扣。

雷霆军是一家工程公司的安全协调员，他的任务就是每天在工地上转悠，提醒那些忘记戴安全帽的工人。开始的时候，他表现得非常负责。每次一碰到没戴安全帽的人，他就会大声批评，看到他们一脸的不高兴，他又会说："我这还不是为你好，对你负责，对你的家人负责？"

工人们表面虽然接受了他的训导，但却满肚子不愉快，常常在他离开后又将安全帽拿了下来。

公司的一位经理，看到了这种情况，就偷偷建议小雷，不如换个方式去让他们接受自己的批评。

于是，当他发现有人不戴安全帽时，就问他们是不是帽子戴起来不舒服，或有什么不适合的地方，然后他会以令人愉快的声调提醒他们，戴安全帽是为了保护自己不受伤害，建议他们工作时一定要戴安全帽。结果遵守规定戴安全帽的人愈来愈多，而且也不再像以前那样出现怨恨或不满情绪了。

中国人向来都非常爱面子，如果领导在公开场合批评员工，就会使员工感觉很没面子，员工甚至会对领导怀恨在心，造成关系紧张。其实员工在听取领导批评时，更多的是关注同事对自己的看法，可能无视领导的批评。我们也常常看到有很多领导会在会上点名批评员工，其实这种做法是不妥的，缺乏人性化，在众多员工面前批评一位员工，不但会打击士气，更会打击人心。

其实，批评对任何一个人来说，都是一件令人难为情的事情，如果当着好多人的面，会让人感到尴尬，甚至受伤害。

实际上，批评的真正目的并不在将对方批评得体无完肤，彻底地打败对方，而是为了纠正对方的错误。那么，批评的方式和场合就显得尤为重要。如果我们不分场合地批评对方，被批评者永远只会怪罪于你，甚至会对你进行反击，来证明他的正确，维护他的自尊，而绝不可能反躬自省、承认错误。

在北京一家物流配送公司的新闻发布会上，一位记者也和别人一样接受了一番招待，公司方面自然是希望这位记者给予报道。可是，过了好长时间，公司方面仍没见这位记者的报道。

负责这项工作联络的公关小姐在一个高贵场合又和这位记者相遇了。她似乎有理由愤怒地责怪对方："怎么没见你发稿？你还有什么可解释的？该吃的吃了，该拿的拿了，可你的文章为什么没写？简直是个白眼狼！"众人向这个记者望去，记者只得灰溜溜地打道回府。

这个记者发誓不会给这家公司写报道，还暗暗琢磨怎么能给这家公司弄些负面新闻。

当有人犯了错，尤其当他自己已经知道错，如果你当众指责他的过错，那么一定会将事情扩大，甚至会为你们之间的关系蒙上阴影。相反，如果你能够以温和的方式低调处理，那么他一定会认真改正，心怀愧疚，并会对你心存感激。

有些人在人多的时候，不顾一切地去批评别人，比如会说："你彻底错了，当初如果你听我的话……"你的话就等于在说：我比你更聪明。

这实际上是一种挑战，由于你的"不给面子"，被批评者的反击也会毫不留情。

当别人犯了错的时候，不要将门大开着，也不要高声地叫嚷着好像要让全世界人都知道一样。会说话的女人知道，如果你率直地指出某一个人不对，不但得不到好的效果，还可能会对对方造成更大的伤害。

此外，你指责他人不仅伤害了他人的自尊，并且也使自己成了一个不受欢迎的人。

第十章

拒绝的话，不伤和气地说

不管任何时候，拒绝别人的要求或否定别人的意见，对人们来说，都是一件难为情的事。拒绝的话说得好，对方能理解，自己也乐得其所；说得不好，可能就会产生被人嫉恨等负面影响。好的拒绝方式能够既起到作用，还不伤彼此的感情。委婉地拒绝是一个愉快的过程，但是对人的素质和反应能力也有一定的要求。

1. 情商高的人，会巧妙拿别人做"挡箭牌"

当有人想让你帮忙，而你不想帮或者帮不了，想要直接拒绝的话，无论多么委婉也会让对方觉得你不愿意帮忙。这个时候，不妨拿别人当"挡箭牌"，将自己置身事外，可以避免不必要的纠纷和麻烦，让对方心顺。

有一位球星在国际上非常出名，和所在的球队完成合约以后，正在考虑寻找下一个合作对象。期间他来到另外一个国家，受到了当地球迷的热烈欢迎。有记者和球迷问他愿不愿意留在本地，加盟本地的一支球队。

面对这个问题，这名球星巧妙地回答道："我很喜欢这个地方，这次来这里我觉得不枉此行。非常感谢大家对我的支持和热爱，可是家庭对我来说太重要了，我有三个孩子，年龄还非常小，远离他们让我这个做父亲的觉得难以忍受。况且，我得和我的经纪人兼老板商量之后才能做决定。我不会拒绝一切好的机会，但我要认真地考虑一下，所以这个时候我不能给出任何承诺。"

听到球星的话，大家也就不在这个问题上多做纠缠了。

这名球星非常聪明，直接拒绝会伤害球迷的感情，而将自己年幼的孩子作为挡箭牌引起他人的理解之心，又以自己要听从经纪人的安排为借口，打了一把太极拳，而且，还为自己将来可能到这个国家打球留下了一定的余地。球迷们当然会欣然接受这种"暂时的拒绝"。

拿别人当挡箭牌，能够降低因为拒绝产生人际关系矛盾的风险，让有求于你的人也能够理解你的难处，而不会对你产生不好的看法。当你确实不想做某件事，又不想暴露自己的真实意图，不妨拿别人当作自己拒绝的托词，既不会驳对方的面子，也不会招致不快。

　　比如，别人向你借钱，你可以说不是不想借，而是你的一个亲戚刚巧在前不久借了一大笔钱，你也无能为力，这就将你自己从"不想借钱"转换到了一个"想帮却不能帮"的立场，朋友自然不会因为你没有帮他而怪罪于你，因为你的钱被别人借走了。

　　又比如，有朋友非要拉你出去玩，而你只想在家休息，你可以这样说："周末我有个长辈要来我家做客，我不好晾着客人自己出去玩。"

　　拿别人当挡箭牌最大的好处就是，我们能够在拒绝的同时，最大限度地让别人欣然接受自己的拒绝，而且还能让自己置身事外，不被对方记恨。当你不方便以自己的立场拒绝的时候，不妨选取合适的"第三人"作为拒绝他人的挡箭牌。

2. 别人的好意，如何开口谢绝

　　生活中我们经常会收到来自别人的好意，有些好意我们会很开心地接受，但有些好意却不是我们可以坦然接受的，这个时候，即便是好意我们也要拒绝。对方是一片好心，我们的拒绝也不能太过生硬直接，拒绝的话语除了明确表示出拒绝的意思，还要表示出领会对方的好意，感激对方的热情，更要表示出自己无法接受的遗憾。

　　繁杂的应酬让很多人痛苦不已，当然必要的应酬也是必不可少的，但对于那些不必要的应酬，你要敢于说"不"，以便节约更多的时间和精力，去做其他更重要更有意义的事情。不要因为盛情难却，而不忍拒绝他人，对方会误以为你乐于参加。

然而，生活中总有一些看似"身不由己"的情况，有的时候，来自自己上级领导的好意也不少，如何婉拒领导，又能够不得罪领导，可是一件慎重的事情，怎么说是关键。这个时候一定要注意千万不要让领导下不来台，一定要维护领导的面子，还要让对方欣然接受。

徐江的公司近期要进行人事调整，公司的副总经理考虑安排徐江去采购部，徐江本人也比较想去采购部。但是后勤部刘部长想让徐江去后勤部，刘部长非常热情地邀请徐江，还让徐江打电话给副总经理说他想去后勤部，徐江非常苦恼，不知道该如何处理。

徐江回家跟父亲说起这件事，父亲想了想说："你想去采购部，但又苦于无法拒绝后勤部部长的热情邀约，我教你个法子。"徐江赶紧向父亲讨教。

过了两天，徐江已经进入了采购部，他跟刘部长说："我到采购部先学习学习，增加点工作经验，再历练历练。"刘部长只好说："这样也行。小徐啊，别把部门看太重，分部门别分家，有时间我们多探讨。"徐江当然满口答应。

徐江的拒绝方式非常巧妙，他自己内心当然觉得采购部比后勤部要好得多，但是他流露的意思是他还没有到后勤部任职的资质，先到采购部学习历练，给足了刘部长面子，同时也没有把话说得太死，没有完全拒绝今后去刘部长麾下的可能。刘部长看到木已成舟，也就只好作罢了。

拒绝对方时，要给对方留一条退路，要给对方留面子，要给他一个台阶可下。你可以自始至终耐心地听对方把话说完，当你完全听完对方的话后，心里有了主意时，再来说服对方，就不会使对方难堪了。

婉拒他人的好意的时候，你可以把你的拒绝"夹杂"在对他的感谢中间。在表示拒绝的时候，态度一定要坚决、肯定并表示歉意。例如："我很高兴你邀请我去看电影，但是这个星期我答应父母要回老家看他们。但是，我非常感激你的邀请，下次有机会，我会邀请你喝咖啡。"

有时，拒绝也不能把话完全说死，你可用拖延法说"不"。你可以这样说："以后吧，有时间我会约你的。"特别是在商界交际中，要让对方明白，这次拒绝了，还有下次机会。

拒绝对方时，态度一定要和蔼，不要流露出不高兴的表情，或者去藐视对方。还有一个最关键的，就是要明确说出事实。要据实言明，不要采取模棱两可的说法，这样会导致对方摸不清你的真正意思，而产生许多误会和隔膜，以致关系越来越淡。只有用妥当的拒绝方式诚恳应对，才能使对方接受自己的拒绝。

3. 好朋友向你借钱，如何拒绝又不伤感情

很多人在生活中喜欢做老好人，经常帮助别人，最典型的就是借钱给朋友，但有时候因为各种原因，朋友借的钱并不能及时还上，只好自己在家人面前忍气吞声，还不好意思直接跟朋友讨回。

朋友之间，最忌讳的就是谈钱，好借好还好说，最怕的就是借了钱不还，以后连朋友都没得做了。早知如此，当初借钱的时候为什么不去拒绝呢？可是，如何拒绝才能既达到自己的目的，又不伤害朋友之间的和气呢？这种情况下，如果我们用委婉的语言拒绝对方，会显得很婉转、含蓄，更容易被朋友所接受。

宋航夫妻俩前些年双双失业，就向银行贷款做起了小买卖，开了一家日用杂货店，两人起早摸黑把这个商店办得有声有色，收入也颇为可观，生活自然有了起色。宋航有个发小叫郑强，是个游手好闲的赌棍，经常把钱扔在了麻将台子上。有一段时间，郑强手气不好输了不少钱，可他还想扳回本钱，又苦于没钱了，就瞄上了宋航的小店。

一日，郑强来到店里对宋航说："我最近想买辆摩托车，手头还缺五千块钱，想在你这借点周转，过段时间就还。"宋航了解这个发小的坏毛病，借给他钱，无疑是"肉包子打狗"。何况店里进货周转，钱也比较紧张，就敷衍着说："好！再过一段时间，等我有钱把银行到期的贷款还了，就给你，银行的钱我可是拖不起啊。"郑强听宋航这么说，没有办法，也就答应着离开了。

找各种借口推脱，只能让对方认为你摆明了不想借给他钱。所以说，如果为怎样拒绝感到犯难的时候，不如直截了当，把你实际的难处说出来，让对方知道你拒绝他的原因是什么，他一定会因此理解你的。

另外，还有一些求人的人，由于种种原因，不好意思直接开口，喜欢用暗示来投石问路。这时你最好用暗示的方式来拒绝。

两个打工的老乡找到在城里买了房子的陈志刚，陈志刚留他们一起吃饭，吃饭时两位老乡不停地诉说打工的艰难，一再说住店住不起，租房又没有合适的，现在物价又贵，言外之意是想跟陈志刚借点钱。

陈志刚听到两位老乡的暗示立刻接过了话头说："是啊，这城里面不比咱们乡下，住房的确很紧，真是寸土寸金啊。就拿我来说吧，挣得不多，只能向银行贷款买了这么两间小房子，还要月月还贷款。一家四口勉强住着，这不，我儿子晚上也只能睡沙发。你们特地来看我，还想留你们在这里好好住几天，大家好好聊聊。可是，实在是无能为力啊！"两位老乡听后，吃完饭后就非常知趣地离开了。

陈志刚由住房紧张暗示朋友自己的经济也不宽裕，钱都花在了还房贷上，委婉地暗示对方自己帮不上忙。拒绝朋友借钱的请求总是一件让不少人觉得尴尬的事，多数人主要是觉得很难开口，但很多时候不拒绝又会让自己很难做。所以拒绝的时候一定要讲明自己的难处，让对方能够知难而退。

有的时候可以用一些借口推托朋友借钱的要求，或者跟朋友说以后借给他，知趣的朋友也就明白你的意思了，比如可以这样说："哎呀，你说你早开口，我就能帮上你了，这不，昨天邻居小刘家里老人生了病，急需用钱，就借给他应急了，现在手头没剩下多少了。这么着吧，等小刘把钱还我，我马上借给你。"或者"你也知道我家的财政大臣是我老婆，我向我老婆要钱，确实有难度啊！"

对于不拘小节善于幽默的人，可以用一句玩笑话表明自己经济上的不宽裕，比如"你看我的脸干净吧？我的兜里比脸还干净呢！"或者"我还想问你借钱呢，现在看来也实现不了了呀！"

好朋友借钱一定也是有了难处，如果此人信誉一向较好，又是真的遇上了暂时的"财政窘境"，不妨适当地借给他一些。但是如果对方信誉不好或者借钱的时候含糊其辞，就要学会委婉地拒绝对方。

其实，有时我们拒绝的人之所以与我们反目成仇，并非完全是因为我们拒绝了他，更多的是因为我们拒绝他的语言和方式伤害了他。好的拒绝方式能够既起到作用，还不伤彼此的感情。

4. 情商高的人，会富有人情味地下逐客令

朋友来访，促膝长谈，交流思想，增进友情是生活中的一大乐事。宋朝著名词人张孝祥在跟友人夜谈后，忍不住发出了"谁知对床语，胜读十年书"的感叹。

但日常生活中，这样的"对床语"并非都是有益的，甚至还会给我们带来诸多不便。茶余饭后，你刚想静下心来读书或是做点儿事，不料不请自来的"好聊"之客经常扰得你心烦意乱。他东家长西家短，唠唠叨叨，没完没了，一再重复你毫无兴趣的话题且越说越来劲。

你勉强敷衍，心不在焉，焦急万分，想对他下逐客令而又怕伤感情，难以启齿。如果你"舍命陪君子"，那么你的时间白白地被浪费掉不说，或许还有更重要的事你还没做呢。

这个时候，你就不得不下逐客令了。当然，为了不使人难堪，高情商的人下"逐客令"也得有人情味，既不挫伤对方的自尊心，又使其变得知趣。

有一回，黄尚的一位朋友来家做客，那位朋友待了很久也没有要走的意思，无奈之中黄尚心生一计，对他说："我新买了一本书，非常不错，我们到书房里面去看看怎么样？"他听到后欣然而起，于是黄尚陪他到书房里去参观他的藏书。看完后，黄尚趁机说："我们再回去客厅坐坐吗？"这时，对方看了看窗外的天色，说："不了，不了，太晚了，我该回家了，要不会错过末班车的。"

委婉的拒绝是一个愉快的过程，但是对对方的素质和反应能力也有一定的要求，例如上文故事中的客人，倘若不能明白和弄懂主人的意图，那么主人的隐晦拒绝必然会失败。那么这时，即使隐晦的语言，说的也要让

对方明了。

比如："今天晚上我有空，咱们可以好好畅谈一番。不过，从明天开始我就要全力以赴写职评小结，争取这次能评上工程师了。"这句话虽直白地告诉对方，请您从明天起就别再打扰我了，但是，却给了对方一个台阶下。

再比如："最近我妻子身体不好，吃过晚饭后就想睡觉。咱们是不是说话时轻一点儿？"这句话用商量的口气，却传递着十分明确的信息：你的高谈阔论有碍女主人的休息，还是请你少来光临为妙吧。

当然，隐晦曲折地表达出自己的意图的方法有许多种。这样既维护了彼此的情感，又不至于让自己的事情拖延，实在是两全其美。

诚然，闲聊者如此无聊地消磨时间，原因是他们既胸无大志又无高雅的兴趣爱好。如果你给他们一个好的建议，使他有计划要完成，有感兴趣的事可做，他就无暇光顾你家了。

比如，一位青年整天无所事事，就喜欢找你闲聊，打发时间，那么你可以激励他："人生一世，多学点东西总是好的，有真才实学更能过上好生活，我们可以多学习学习，充实充实自己。再说，我看你挺擅长乐器，何不加强一下呢？"他一听，可能也觉得有理，为了学习乐器，他哪还有时间找你闲聊？

当然，如果对方是你非常好的朋友，就用不着那么委婉和煞费苦心了。你可以直截了当地告诉他，你还有事要做，不能奉陪，他就会谅解你的，并会怪你："你怎么不早说呢？都老朋友了嘛！"

5. 不伤和气地拒绝同事的不合理请求

不管任何时候，拒绝别人的要求或否定别人的意见，对人们来说，都是一件难为情的事。办公室里，几乎所有的人都害怕或者不愿意拒绝同事的请求，因为他们害怕失去良好的人际关系。所以在面对同事不合理要求的时候，常常感到为难，以致每次都心软地接受。

快下班的时候，吴红接了一个电话，一听连撒娇带耍赖的语气就知道是刘畅，她说："亲爱的，救救我吧，帮我写个方案，客户已经催了好几次了，可是我实在是没有时间啦，你知道杰最近在追我，我也很喜欢他，你帮帮我，就算支持我的爱情啦……周末我请你吃韩国料理！"

刘畅是吴红在公司里最好的朋友，属于那种嘴巴很甜的女人。她这已经不是第一次求助吴红了，她下班就忙着去约会，常常把做不完的工作推给吴红。每次，吴红都想拒绝，可是听到她一句一个"亲爱的"，那能把人融化的热情，都不知道该怎么开口说"不"。作为好朋友是该相互帮助，但拒绝会不会让自己失去这个朋友呢？

一般人总是心软的，特别是女人在面对同事的请求时，几乎是照单全收，不知道如何拒绝，害怕拒绝会给自己带来不利结果。帮助同事本来是好事，可是面对同事的一些不合理请求，那就应该学会拒绝。

办公室里的同事，需要相互帮助的时候很多，在力所能及的情况下，我们帮助同事是非常必要的，这样做也会给我们带来很多的益处，比如良好的人际关系和高效的工作。但也有一些人，会提出一些不合理的要求。这时，委婉地拒绝是一种很好的选择。

刘一梅和刘爱芳同在一个公司工作，两个人都很漂亮。刘一梅性格刚直，刘爱芳聪明灵巧。而和她们共事的一位老员工是一个好色之徒，经常对新来的女员工动手动脚。刘一梅遭到老员工的骚扰时气愤地说："我不是轻浮的人，请你别这样。"老员工真的不再对她动手动脚，但不久，刘一梅便由办公室被调到车间工作去了。据说是这位老员工在他的亲戚老板面前给她穿小鞋。

而刘爱芳对于老员工的不怀好意是这样说的，"我知道您是和我开玩笑，但我才不会相信呢！大家都知道您是个人格高尚的人，我们都很尊重您。"

老员工趁坡下驴说："哈哈，我刚才真是跟你开玩笑的，我是想试试你是不是值得信任，现在我放心了，刚才的事，希望你就当作没发生过。你要注意，咱们公司有几个心术不正的人，要加强防御啊！"从此以后，刘爱芳再没遇到过类似的情况。

其实，在生活中学会适当委婉地拒绝同事大大小小的要求，你可以拥有空闲的时间做自己想做的事情，特别是当你自己也忙得焦头烂额的时候，不至于"雪上加霜"。同时，你也减少了别人下次以同样理由麻烦你的机会，因为你显示出了你是一个有"自我选择权利"的独立的人，这样你就不会被逆来顺受地对待。

当然，如何不伤和气地拒绝，就需要我们掌握一些拒绝的技巧了。在同事向你提出要求的时候，首先要注意仔细耐心地倾听，让对方把处境与需要讲清楚。真诚的倾听能让对方有被尊重、被接纳的感觉，之后如果你选择拒绝对方，你可以针对他的情况，给他提出另外的建议，就算你没有亲自帮助对方，对方一样会感激你。

其次，在拒绝的时候要委婉。你说"不"的态度必须是温和而坚定的。例如，当对方的要求不合公司规定时，你就要委婉地向他解释自己的工作权限，表示自己没有权利去做这件事，这违反了公司规定。一般来说，同事听你这么说，一定会知难而退，再想其他办法。

帮助同事本来是好事，可很多时候，你帮助别人，除了耽误你的分内工作，还常常会变成吃力不讨好的"老好人"。所以，拒绝同事的一些不合理要求非常有必要。拒绝的时候一定要采取婉转的方式，既给同事留面子，又不让同事对自己产生不好的印象，不会影响你们之间的和睦相处。

6. 对上司说"不"其实并不难

拒绝的话说得好，对方能理解，自己也乐得其所；说得不好，可能就会产生被人嫉恨等负面影响。尤其是拒绝自己的顶头上司，迂回、委婉地拒绝，不是不能让人接受。但如果不讲究一些方法、策略，不顾及对方的面子而生硬地拒绝，只能让自己吃亏。

其实，即使你明知道上司交给你的任务有些不合理，你也虚心接受，尽可能地给他留足面子，在完成任务的过程中，觉得这项任务确实过量，那么把已经完成的工作报告给上司，再委婉地表示自己的困难，那么上司肯定会很满足于自己说话的威力，并会因意识到自己要求的不合理而延长时限，或者放轻工作量。

所以说，若是碰到一些来自同事、朋友、邻居尤其是上级的要求，如果他们请你帮忙做的事在你的能力范围之外，千万不要马上表示不可接受，而应先谢谢他对你的信任和看重，并表示很乐意为他效劳，最后再含蓄地说明自己爱莫能助的原因。这样，彼此都可以接受，不至于把事情弄得很不愉快。

另外，在职业场合中，女同事和男上司，或者男同事和女上司接触的机会很多。如果你聪慧、出色、敬业，很得他（她）的赏识，这自然是好事。可是，男女之间的关系毕竟是微妙的，尤其是他（她）向你发来暧昧信息的时候，你该怎么拒绝呢？

要知道他（她）可是直接关系到你的晋升、收入的关键人物，弄不好连自己的饭碗都保不住了。但是如果你一味消极地接受，早晚会引得公司上下传播你们的"绯闻"，虽然明知道自己是清白的，但是传的人多了，难免会影响你正常的生活和恋爱。

陈雅静在一家医药公司做销售代理，她聪明能干，人也漂亮，销售业绩一直在节节攀升，因此大受顶头上司、销售部经理周鹏的青睐。

有一次，陈雅静整整花了一周的时间，搞定了一个比较苛刻而且难缠的大客户，拿到了一份数额巨大的订单。下午下班的时候，周鹏找到她说为庆贺她的成功，要请她吃晚饭。

陈雅静心里被签单的喜悦充满了，也就一扫往日的矜持，毫不犹豫地答应了。她本来以为还会有其他同事一起聚餐，吃饭的时候，才发现就他们两个人。陈雅静有点尴尬，但是也没多想，吃饭的时候，两人聊了很多，她第一次发现经理还是个非常幽默的人，总是能把她逗得大笑。

吃过饭，周鹏说天还早，邀她去跳舞，她推辞了一下，也就答应了。那个晚上，他们玩得很愉快。

但是，后来，周鹏便经常请陈雅静吃饭、泡酒吧、打保龄球、桌球、壁球。多半是借口庆祝陈雅静的出色表现和业绩。有时陈雅静并不想去，但看到他那诚恳的眼神，又想想他是自己的上级，陈雅静不好意思拒绝。而周鹏也每次出差都为她带回些别致的小礼物，这当然逃不过外人的眼睛。

时间久了，陈雅静便发现后面有人指指点点了，私下里议论她和上司之间的关系不简单。

这其中不乏对陈雅静的出色表现心怀妒忌者。周鹏听后淡淡一笑，陈雅静却苦恼不已：相恋两年的男友听到传闻后也对她怀疑不已，再加上陈雅静由于工作忙，经常不得不推掉与他的约会。他揣测好强的陈雅静一定是利用了上司才做出那么骄人的成绩的。任凭陈雅静怎么解释都没有用，于是两人大吵了一架。

这样的事情在公司中屡见不鲜，面对上司的这些带点暧昧的行为，比如单独送你礼物，单独邀你吃饭、跳舞，即使他真的没有非分之想，你也要小心注意了，因为这往往是以后不寻常关系的前奏。

在面对此类情况的时候，一些人通常都会被动地接受，因为怕上司以后在工作中找自己麻烦，或者对自己的发展前途有影响，直到最后闹得沸沸扬扬，跳到黄河也洗不清，后悔莫及。

情商高的人则懂得办公室生存要学会变通，更要坚守一定的原则。工作中应该学会服从上司的安排，但其他方面更要学会以诚相待，不卑不亢，该拒绝的时候要拒绝。其实，拒绝上司并非一定是坏事，许多时候能让上司发现你的成熟踏实，让他对你产生敬重，也有助于抬高你在他心中的地位。

第十一章

取悦上司的话，情商高的人会给面子地说

　　作为职场人士，一定要记住：上司永远是上司。尊重是最基本的礼仪，对身处高位的领导那就更不用说了。与上司说话的时候，作为下属一定要注意维护其身为管理阶层的权威，言谈之间让上司感觉到你的尊重。你必须时刻牢记一条：老板永远是决策者和命令的下达者，无论你有多大的把握相信自己的判断力，无论你代替老板决定的事情有多细微，都不能忽略"老板同意"这一关键步骤。

1. 情商高的人，总会让上司感觉到被尊重

尊重是最基本的礼仪，对身处高位的领导那就更不用说了。与上司说话的时候，作为下属一定要注意维护其身为管理阶层的权威，言谈之间让上司感觉到你的尊重。

实际上，没有特殊的原因，没有哪个员工不想尊重上司。可是，有时候你还是不经意让上司觉得不受尊重。

给上司留下这样的印象，上司对你的评价就大打折扣了，与之相关的诸如"傲慢""狂妄"等贬义的字眼就会蹦到你头上。这样的评价势必对你的职场发展产生不良的影响，往往会在关键时刻作为借口毁掉你唾手可得的机会。

胡建是一所名牌大学的高才生，一进公司就被公司列为重点培养对象，他对工作也充满了激情，经常自觉到公司加班攻克技术难题，并做出了让人刮目相看的成绩。他的同事都认为，胡建是年轻员工中最有可能得到晋升的一个。

一次，主管给胡建安排任务，让他画一份统计图表。这项工作一般是由另一个同事做的，那人请假了。

胡建认为，这样无关紧要的工作，怎么也轮不到让他去做，便满不在乎地说："我以为是什么技术难题呢！等我忙完手头上的活再干吧。"

于是，他勉强地接受了任务，但是没有立即着手去完成。后来主管催

了一次，他才把图表草草完成。

在整个过程中，胡建发现主管的脸阴沉着，但他并没意识到自己的行为让主管感到极不受尊重，把主管得罪了。

年底，公司人事调整，原本被看好的胡建并没有获得晋升。原来主管向老板评价胡建为"狂妄、轻浮、傲慢"。老板听信了主管的话，就把胡建从晋升名单上划掉了。

胡建感到很委屈，同事也觉得这样评价胡建是不公正的，但没办法，胡建的漫不经心被上司抓住了把柄。

员工面对上司发号施令的时候，一般都要表现出严肃的表情，并停止手头上的工作，保持安静，如果再平和地看着上司，显得非常重视上司的讲话，更会让上司觉得备受尊重。

在上司慷慨陈词的时候你偷着做小动作，或者依然忙着工作，就是不尊重上司的表现。上司看在眼里，气在心里，要么立即批评你，要么事后"修理"你。

这个现象学生在课堂上一般都会见识甚至领教过，所以员工在上司发号施令的时候一般都会注意，不会犯这个低级错误。

有些时候，上司给你安排不重要的任务，你可能会不自觉地流露出轻视的表情，甚至是一副爱理不理的样子。这与你在接受重要的任务时表现出来的严肃、热切关注的表情形成鲜明的对比。

你的态度会让上司觉得很不舒服，虽然你针对的是工作，可上司会觉得你不尊重他。

这样你就在不经意间给上司留下了不好的印象，让上司抓住了把柄，甚至把上司得罪了。

所以，上司的每项指令都应该认真对待。

无论上司让你做什么，你的表情都应该是一致的，都要表现出严肃、认真、虚心的态度。甚至越是无关紧要的任务，越要表现出重视，这会让上司感觉到备受尊重。

2. 不要代替老板做决定，要引导老板说出你的决定

在工作中，我们当中总有些人遇到问题、接到任务时，想到如何解决的方法，不是先向领导汇报、请示，带着耳朵听领导的意见，而是让老板直接听取自己的决定，甚至先斩后奏。

"这个设备有点问题，国产零件比进口零件花费少，我已经通知招标采购部零件。"

"办公室打过好多次电话了，让我们把××方面的报表尽快报上去，我已经将报表做好了，下午就交给办公室人员。"

"××报社要我们写一篇宣传报道，我认为这方面得宣传比较好。"

上面这些话，是不是你也经常说？或者经常听到？在职场中，冒冒失失地对领导说出"我觉得这种处理方法比较好""我决定采用这个方案"或者"我早想好了，这个地方做一下改动就完美了"这种带有"决策性"的话语，无疑将老板放在了一个受轻视的位置上，对你自己的职业生涯是非常不利的。

每个老板都会反感下属的自作主张，你无意中的一次私自定夺行为，可能给你带来的就是老板以后的冷遇与不信任，影响了自己的前途。

张晋年轻富有活力、做事认真而灵活，进入企业不到两年，就成为公

司里的骨干。

一天，公司经理把张晋叫了过去："最近我要带你们几个去外地出差，你虽然是新人，但是做事让人放心，你就帮我安排一下吧！"

受到上司的重用，张晋非常受鼓舞，他考虑到一行好几个人，坐公交车不方便，人也受累，会影响谈判效果；打车一辆坐不下，两辆费用又太高；还是包一辆车好，经济又实惠。

张晋在拿定了主意之后，却没有急于去实行，而是先去了一趟经理办公室，把他的决定汇报给上司，因为他觉得这是必要的。

张晋对经理说："经理，您看，我们明天要出差，这是我做的工作计划。"张晋把几种方案的利弊分析了一番，接着说："我决定包一辆车去！"汇报完毕，张晋暗自得意地等着赞赏。

但是经理却板着脸生硬地说："是吗？可是我认为这个方案不太好，你们还是买票坐长途车去吧！"

张晋愣住了，他没想到，经理竟然不同意这样一个合情合理的建议。事后张晋非常不解："没理由呀，只要有点脑子的人都能看出来我的方案是多么正确。"

其实，张晋的问题就出在"我决定包一辆车"这样自作主张的话上。在老板面前，说"我决定如何"是最犯忌讳的。如果张晋能这样说："经理，现在我们有三个选择，各有利弊。但我做不了主，您经验丰富，您做个决定吧？"

领导听到这样的话，绝对会顺流而下，说出事实上最好，且在你心中也是最好的决定。

在处理工作的时候，要学会引导老板说出你的决定。

有一个非常有用的办法就是让老板做选择题，每次和老板谈话前，你可以事先想好问题的几个处理方法，每个处理方案的利弊要详细地分析，然后让老板做选择。

当然，你自然是有倾向性的，一件事情如果有三种不同的处理方法，其中一个方法可能明显比另外的两个方法好，这也使老板更容易通过比较而接受最佳的方案，这也正合你自己的想法，同时还能满足老板的决定欲望。毕竟老板是决策人，下属要在做好工作的同时，还要巧妙地让老板做最后的拍板人。

所以，上述的那些问题，你按照下面的方式回答效果会更好：

"这个设备有点问题，我们检查发现一个进口零件损坏了。我考察发现，进口零件要 300 多元，国内也有同类产品，价格一般在 100~150 元之间，经了解完全可以替代。您看，是让招标采购部门买国内的零件还是进口的？"

"办公室打电话要的报表，我已经根据我们的情况进行了总结和分析，这是汇总的内容，还有详细的说明附在后面，您看还有什么修改的吗？"

"××报社要我们写一篇宣传报道，结合近阶段的几个宣传重点，我分别从以下几个方面列了提纲，这个方面比较经典，但可能缺乏创新，这个方面比较有新意，市场推广也比较容易，这个您看哪个更合适？"

在职场中，你必须时刻牢记一条：老板永远是决策者和命令的下达者，无论你有多大的把握相信自己的判断力，无论你代替老板决定的事情有多细微，都不能忽略"老板同意"这一关键步骤。

否则，当老板意识到下属"越俎代庖"，他会对你产生心理上的排斥感和厌恶感，对你的认同也会顷刻烟消云散。

3. 给上司提建议，而不是提意见

常言道，人无完人。上司也不可能做到面面俱到、尽善尽美，他们也会做出错误的决策，甚至使你感到不满。在发现上司决策错误时，一个有责任心的下属从维护公司利益出发，应对上司提出忠告。

很多人向上司"直言进谏"，却没有取得理想的效果，反而会使上司对自己产生隔膜。面对自己的意见石沉大海，或者受到上司的冷待，大部分人会就此心灰意冷，却没有考虑一下自己提建议的方式是不是有问题。

上司都需要维护自己作为领导者的权威，生硬地指出上司的错误，或直接表达自己的不满，都不是一个聪明的下属该说的话。向上司表明自己的观点的时候，"提意见"的说话方式会让上司有抵触心理，从而不利于上司接受自己的好意。对上司以提建议的方式，将批评委婉地包裹在糖衣外壳之中，上司才会欣然接纳，对你另眼相看。

陆昊是一家软件公司的总经理助理，公司的总经理是做技术出身的，由于工作重点长期落在研究开发领域，因此，他对企业管理所知甚少。因为自己对专业更感兴趣，总经理喜欢直接插手技术部门的事，管理方面却非常疏忽，很多部门对此敢怒不敢言，这使得陆昊与其他部门沟通起来存在严重的障碍。

经过深思熟虑，陆昊决定向上司提出自己的想法。他对总经理说："真正意义上的领导权威包含着技术权威和管理权威两个层面，您的技术权威牢固树立，而管理权威则有些薄弱，亟待加强。"总经理听后，若有所思。

后来，总经理果然越来越多地把时间用在了人事、营销、财务的管理上，企业的不稳定因素得到了控制，公司运营进入了高速发展状态，陆昊的各项工作也越来越顺利，总经理也更加器重他。

没有人愿意被别人提意见，因为一般人都不爱听反对自己的话。上司也都不喜欢听意见，只喜欢听建议。聪明的下属，要学会巧妙地将"意见"转化为"建议"。提建议一定要注意自己的态度，因为提建议的目的不是借机发泄自己的不满，是为了被采纳和解决问题。提建议一定要注意方式方法，巧用说话技巧才能达到目的。

就算上司有再大的错，也要尊重上司，并以一个好的态度提建议。说话注意要"态度诚恳，言语适度"，恰到好处地表达出你的意思。即使上司不完全赞同你的观点，也不会影响到他对你个人的看法。

上司也是普通人，每天工作繁忙，未必总有好心情。所以，要学会选择合适的时机给上司提建议。而且，提意见时不一定非要在办公室，可以在饭桌上、下班路上、走廊等不太正式的场合，趁他高兴，借着聊天开玩笑，随口就把自己的建议用温柔的方式抛过去，让他心领神会。

其实，大多数人在与老板沟通之时，如果能够改变自己的语言方式，效果或许会更好。在"进谏"的时候，你不光要站在一个自认为对公司、大局等有利的角度，同时还要进行"换位思考"，站在上司的角度考虑这个问题。由于彼此立场的不同，信息的了解面也不同，往往你认为比较正确的建议，而上司会认为目前时机尚不成熟，所以"不便采纳"。

千万要记住，你给上司提的是建议而不是意见。巧妙地向上司提建议是一门很深的艺术，在实际操作的时候一定要把握分寸，才能既让上司打心眼里采纳你的建议，又不对你产生反感。

4. 遇事多请教，领导面前甘当"小学生"

在人际交往中，请教是一种低姿态。它潜在的含义是，尊重领导的权威，承认领导的优越性。请教上司的下属，表明自己是以一个认真的态度来对待领导的，并充分尊重领导的意见。

换位思考，当别人请教我们的时候，我们是不是有一种比对方强的优越感？是不是在不知不觉中拉近了与对方的心理距离？当我们请教领导的时候，也会有这种效果。

在与领导的交往过程中，要学会用心学习对方身上有益的东西。请领导教我们几招，帮我们一把，都是很好的交流方式。遇事多向领导请教，甘做求知欲强的小学生，是纵横职场的一大法宝。

美国总统林肯是一个谦虚好学的人，年轻时他与上级的关系并不太好，为了让自己与上司的关系更加融洽，林肯开始着手研究这位上司。

当他得知这位议员喜欢读书，便开始三番五次地向他请教学问。由于他摸到了上司的爱好又能够虚心讨教，一来一往之间，那位上司也改变了自己对于林肯的偏见，后来林肯在从政的路上更得到了他的大力支持。

领导作为一个职场的优越者，在任何时候，都会乐意被别人请教。作为领导，自然喜欢扮演照顾他人的角色，当你向领导征询意见时，他们会觉得自己受到关注、被他人需要、被他人敬重，于是也就非常乐于提供各种意见，而他们的建议往往很管用。

请教更有一种好处就是，你可以亲自聆听领导在某一方面的想法，这些想法有助于你弄清楚他的真实意志。有的时候，就算你并没有什么不明白的地方，也可以偶尔装作不懂，向领导请教，你就可以打着"请教"的幌子，大大方方地询问领导的意见。

李晓磊在一家广告公司工作，他只想着把自己的事情做好，对一些同事经常凑到老板身边的做法非常反感，认为这是刻意巴结上司。时间一天天过去，李晓磊的工作做得非常出色，甚至有些作品获了奖，李晓磊对自己的前途很有信心。

可是，到了升职的时候，名单里却没有李晓磊的名字，他非常不解，觉得非常不公平。

一次同事聚餐的时候，李晓磊刚好坐在老板附近，却只是低头吃饭，很少出声。席间，老板聊起了收集的问题，李晓磊刚好是一个初级收集迷，忍不住请教了老板几个问题。老板非常高兴地解答了，李晓磊也发现老板懂得非常多，于是打开了话匣子和老板聊了起来。

饭后，老板意味深长地对李晓磊说："我原本对你的印象不深，以为你是个非常内向的人，你这不挺健谈的嘛！看来我之前忽略了你，小伙子很聪明，好好干。"

之后，李晓磊再也不认为主动接近老板是刻意巴结的行为了，在工作中遇到什么难题，他都会向老板请教，老板也非常认真地给予他帮助。李晓磊的工作更上了一层楼，更在下一次升职的时候荣列名单。

就一些工作上的事情或者别的方面请教领导一些问题，对自己的和上司都只有好处，没有坏处。向领导请教，能够顺利地找出你们之间的共同点，不仅仅在工作上，更在心理上使双方互相接受。

请教可以打破自己与领导之间的交流僵局，增加领导对你的印象和兴趣。请教领导会使他有心理满足感，还能够使领导觉得你有上进心和进取心、谦虚好学，对你更为看重。虚心请教，你能够获得一些好的建议和帮助，还能够及时地与领导沟通和交流自己的工作状况，更有利于自己开展工作。

请教问题，是一个让你能够赢得青睐的绝佳时机。有的时候，经常向领导请教，会让他永远感觉到你是在他的指点和教导下取得工作上的成就的。这样，领导更容易赏识你，也更愿意栽培你。

现实生活中，多向别人请教也是一种适度的恭维，是一种增进双方感情交流的方法。你让上司发挥了自己的长处，让他觉得有成就感，从而对你更加看重和亲近，这其实是一个双赢的过程。

当然，在工作中也要注意，不是任何事情、任何时候都要去请教领导。谦虚好学固然值得赞扬，过分的请教就会让领导觉得你没有担当，挑不起大梁，那就得不偿失了。

5. 慎防的"雷区"：越级报告

企业中一般具有严格分明的层级，就如一个"金字塔"一样。在这种组织结构中，每一个人必须明确自己在组织系统中所处的位置，上级是谁，下级是谁，对谁负责。按照"统一指挥原则"，一个下级只能接受一个上级的指挥。

上级不能越级指挥下级，下级不能越级请示汇报，否则就会出现混乱的局面。越级汇报也可能促使顶头上司的上司进行越级管理，使两级上司之间产生信任危机，从而影响管理者之间的和谐关系。

林箐进入公司已经将近两年了，也干出了不少业绩，可总不被提升。林箐发现，她的顶头上司陈经理经常将她的功劳算在自己头上向他的上司邀功。林箐心里非常不平，心里暗暗想：既然你耍小心思，我也有我的小算盘。

一天，林箐趁着自己的顶头上司陈经理不在，跑到大老板那里"告状"。林箐将自己做的好几份优秀的企划案交给大老板看，大老板看完之后赞赏有加，林箐就适时地告诉大老板，自己的顶头上司经常拿她的企划案当作自己的。大老板听了之后，就先让林箐回去工作了。

第二天，陈经理就找到林箐，脸色非常不好看，林箐索性就承认了自己去找过大老板。当然，之后陈经理经常在工作中刁难林箐，还跟其他的同事说了她背地里打小报告的事，大家自然都纷纷疏远她，林箐就这样被孤立了起来。

越级报告是职场大忌，可是一些职场人士，特别是职场菜鸟却不甚明了。很多人进入职场以后，缺乏耐心和理智，不甘心默默无闻待在公司的最底层，就绞尽脑汁想让自己被更高职位的上司发现自己的才华，从而得到高升，就走上了"越级报告"这条险径。

但是，如果在职场中出现一些特殊情况，不得不"越级报告"的话，说话的时候也要讲究技巧，不要让自己的顶头上司在他的上司面前难做。

刘海清的顶头上司，也就是他们部门的主管下午临时有事出去，临走前交代大家有什么事情要打他手机。偏偏下午就发生了一件大事，刘海清他们几个职员必须请示主管做决定，可主管的手机偏偏又打不通。

如果这个问题解决不及时，会导致公司的业务不能正常运转，整个部门都无力承担这种责任。情况紧急，刘海清决定向上司的上司——葛经理汇报此事。葛经理问刘海清说："之前我怎么没听你的主管说过此事？现在你想怎么解决？"刘海清立即说出自己的解决方案，葛经理同意了。

第二天，刘海清跟主管解释这件事，主管很冷淡地问刘海清："出了这么大的问题，为何不给我打电话？"刘海清说："最先是给您打电话了，可您的手机打不通，后来情况紧急，整个下午我都在忙着解决问题，所以……"主管打断说："算了，事情都解决了，还说这些干什么，以后要注意！"

事情是解决了，可接下来刘海清的好日子没了，他总感觉主管有意无意在他的工作中找茬。刘海清明白这是自己"越级汇报"闯的祸，可当时也是为了公司、团队的利益，心里非常委屈，最后只得换了工作。

显然，刘海清的越级汇报的行为打破了企业层级管理的基本原则，不为公司的制度所原谅，顶头上司自然不高兴。

其实，在紧急情况下，刘海清可以这样处理：当葛经理问主管为什么没提过此事时，刘海清可以这样说："是这样的，主管就是担心会出现这样的问题，所以之前给我们打过预防针，还提出了一套解决措施告知我们。但现在我做不了主，葛经理您看我的主管这个解决办法如何？"刘海清的主管得知以后，会感觉刘海清替自己在上司面前维护面子，还不邀功。

当然，在职场中，能不越级报告就不要越级。要学会换位思考，理解顶头上司的处境，他夹在下属和上司之间，若自己的下属隔着自己直接向自己的顶头上司报告一些应该属于自己管辖范围的事，不但是对自己领导权威的藐视，还会被上司怀疑自己的办事能力，不利于公司人际关系的稳定和团结。

其实，越级报告有的时候不但不会给我们打通职业上的"快捷通道"，反而只会给我们带来不良影响，甚至给自己的这份职业画上句号。一定要谨慎对待越级报告，学会聪明地避开这个"雷区"。

6. 情商高的人，从不会和领导乱开玩笑

幽默风趣的人往往容易让别人喜欢和亲近，但是在职场中上下有别，跟领导开玩笑一定要把握好分寸。

生活中，虽然开开玩笑有助于心情愉快，但与领导开玩笑时要注意符合双方的身份。如果开玩笑不懂得把握分寸，就很容易招致领导的反感，甚至冒犯领导的尊严，后果便不堪设想。

作为职场人士，一定要记住：上司永远是上司。不要期望在工作岗位上能和他成为朋友。即便你们关系比较亲密，也不能随意与之开玩笑，特别是有其他人在场的情况下。要拿捏好其中的"度"，否则就会弄巧成拙，得不偿失。

一次，纪晓岚和几位同僚一起在书馆里校阅书稿。纪晓岚因为身体肥胖，经不起炎热酷暑，于是就脱掉了上衣，赤着上身，把辫子也盘到了头顶上。

不巧，这时，乾隆皇帝走进馆来。当纪晓岚发觉时，已经来不及穿衣服了，于是他赶紧把脖子一缩，躲了起来。

其实，乾隆早就看见纪晓岚的小动作了，但他装作不知，就在馆里故意与其他官员闲聊。

纪晓岚躲在角落里过了很久，实在是熬不住了，就探出头来问道："老头子走了没？"

他的话音刚落，抬头一看，乾隆皇帝就坐在他面前。乾隆大怒道："纪晓岚，你好无礼。竟然叫朕老头子，如果你解释得当，朕就放过你。"所有官员都为纪晓岚捏了把汗。

只见纪晓岚从容地回答道："皇上万寿无疆，难道不叫'老'吗？您

至高无上，难道不叫'头'吗？天地是皇上的父母，难道不是'子'吗？连起来不就是'老头子'吗？"

乾隆听了，立即转怒为喜，不但没有责怪他，反而还奖赏了他。

幸好纪晓岚能机智地运用曲意直解，将对乾隆有不尊性质的"老头子"三字，巧妙地做了解释，最终化险为夷。

对于领导来说，开玩笑要起到赞美他、抬高他、尊重他的目的，玩笑的内容一定要是善意、积极的，要让领导觉得悦耳。在生活中我们也经常会遇到纪晓岚这样的尴尬，采取灵活变通自己的表达方式，有时可以彻底挽回局面。

在日常的工作中一定要时刻注意，据算领导不在，也不要随便开玩笑。一旦被领导知道，若领导一时着恼，你在工作中就会陷入一个尴尬的局面。

孙科是厂长的专职司机，跟厂长已经有年头了。他人勤快、会来事又老实，深得厂长的信赖和赏识。

在一次出差途中，厂长上车不久就呼噜大起。在副驾上的大李冲孙科一笑，轻声说了一句："嗨，睡得真快！"孙科顺口搭了腔："哈，睡得像猪一样。"

孙科原以为，只是一个简单的玩笑调侃话，又是在厂长睡着的时候说说，无伤大雅。没想到厂长呼噜声虽响，耳朵却敞亮，把孙科说的比喻句听了个真切。

见自己的司机也敢如此目无领导，厂长怒由心生，过了几天就让办公室主任把孙科给换了。

后来，孙科从厂长的秘书小刘那里打听才得知，自己被换竟是因为这么一句玩笑话。

明明是一句玩笑话，对方却信以为真，结果就造成听者生气的后果。不要以为人人都能够被开玩笑，有的时候，拿领导用心思考、重视的事开玩笑，只会得罪领导。还有，开玩笑也要看人，如果你的上司是一个个性耿直、不苟言笑的人，玩笑最好是少开、别开为好。万一他把你的玩笑话当真，你就该倒霉了。

　　一天，程知春所在的公司来了个客户，要找程知春的领导签字。领导签完字以后，对方连连称赞领导的字写得好，说："您的签名可真气派！"程知春正好走进办公室，听到称赞声后，就想开个玩笑，坏笑着说："能不气派吗？我们领导暗地里练了好几个月呢！"此话一出，领导和客户的表情立马都变得很尴尬。

　　开玩笑本身是一种示好的体现，是一种促进感情交流的方法。朋友之间的谈话一般都不会有什么顾忌，即使夹杂些讽刺性的话或略带调侃时，彼此也不会往心里去。但是上司毕竟不同于朋友，所以不能像与朋友开玩笑那样，没大没小，毫无顾忌。不要祸从口出，否则你后悔就晚了。
　　如此一来，也许你会怀疑："按这个说法，玩笑话岂不是不能说？"其实也不尽然。一般而言，玩笑话大多具有使工作场所变得活泼、化解沉闷气氛的作用，问题在于我们的玩笑是否合身份、合时宜、合尺度。
　　在工作场所，适度地收敛自己爱开玩笑的行为是非常有必要的。过分的玩笑是对上司的不尊重，轻者会伤及你和上司之间的感情，重者会危及你的饭碗。记住"群居守口"这句话吧，上司需要的是你的尊重，尽管他从来不说，但是他也从来没有把自己的身份与你放平。

7. 试试"曲线沟通"

　　有的时候，不方便和领导进行直接沟通的时候，不妨试试"曲线沟通"。曲线沟通就意味着采用委婉的方式，或者通过别人来进行沟通，表达方式上可以灵活多样，防止当面沟通产生尴尬或者达不到想要的效果。

　　曲线沟通可以请别人帮忙作为沟通的"中间人"，既能达到目的，又让终端沟通方觉得自在。当然，与上司进行沟通和交流的时候，上司就是终端沟通方，你可以通过上司的助手，或者其他同事进行沟通，达到曲折沟通的目的。

　　赵秋阳去年进入了一家广告公司的市场部工作。她的顶头上司王经理很器重她，前不久，经理让赵秋阳起草一个策划案，投标一家酒店的装修工程。赵秋阳接到任务后，既兴奋又紧张，因为这是她第一次独自制作标书。赵秋阳知道稍有闪失就会影响投标的成败，所以她连着一个星期加班加点，总算完成了任务。

　　赵秋阳怀揣这份倾注了心血的策划书来到上司办公室，经理大略看了看，然后说："标书先放这里，你先回去吧。"

　　这份标书"处女作"究竟怎么样？赵秋阳心里很没底，接下来的一两天他一直忐忑不安，又不好直接去问经理。这时一个资历较老的同事问赵秋阳是不是有什么事，看着老同事关切的脸，又想起经理和他关系较好，赵秋阳计上心来。

　　赵秋阳对同事说："前几天我做了一份策划书上交了经理，不知道经理满不满意。你在公司的时间最长，能不能帮我问一下经理的看法？"

　　老同事说："这样吧，我先帮你看看。"赵秋阳连忙把策划书的备份拿出来。老同事细细地看了一遍之后，用红笔在策划书上做了好几处标记，指出一些错误和欠缺的地方，还将一些数据和资料进行了修正，让赵秋阳回去修改。

等赵秋阳拿着修改好的策划书再次交给经理的时候，她看见经理赞许地笑了。竞标成功之后，赵秋阳才知道，这位老同事本就是经理安排来提点自己的，自己的"曲线求助"正好和经理的"曲线指导"不谋而合。

赵秋阳在不方便直接与上司交流的时候，想到了借助其他人向上司询问意见。恰巧赵秋阳的上司担心直言批评会伤害下属的积极性和自尊心，便采取了曲线的方式，安排别的同事帮助她。

这种曲线沟通的方式会给上下级的工作带来非常大的好处。

采取曲线沟通的方式是一种灵活的方法，需要注意的是，言词要尽量委婉，语气要尽量平和，而且，也不一定要当面说，也可以采取侧面暗示的方式，比如通过好的方式提醒上司。

朱元璋打下天下之后做了皇帝，开始册封百官。当他看完花名册，却犯了难。因为功臣实在不少，可是亲朋也挺多。若是封亲朋，无功受禄，只怕功臣们不服；不封呢，面子上又过不去。

大臣刘伯温看出了朱元璋的为难，但又不敢直谏：一来怕得罪这些皇亲国戚，给自己招来麻烦；二来又怕朱元璋怀疑自己排挤他的亲朋，给自己落了个罪名。

刘伯温认为，这是国家大事，做臣子的岂能置之不理。思虑良久，刘伯温想了一个方法，画了一幅画，一个人的头上长着几十束乱发，每束发上都顶着一顶乌纱帽，之后他把这幅画献给了朱元璋。

朱元璋看到这幅画，细细品味了半天，看了半天，哈哈大笑道："军师真是画中有话。真可谓人不可无师，无师则愚；国不可无贤，无贤则衰！"

原来，刘伯温那幅画的意思是："官（冠）多法（发）乱！"

古语道：伴君如伴虎。在皇帝面前，任何一句不慎的话，都可能使臣子人头落地。

因此，聪明的臣子总是直话不直说，而是通过其他的途径，想方设法委婉地表达自己的意思。刘伯温此举委婉曲折，不但没有触怒朱元璋，还道出了谏言：官多法必乱，法乱国必倾，国倾君必亡。画中有话，柔中带刚，拐着弯"说话"，使听者能弄懂话外之音，从而达到了预期的目的，可谓一箭双雕。

在职场中也是一样，对上司拐着弯儿地说话，能够巧妙劝说上司改正自己所做出的错误决定，让上司从你曲折的表达方式中，自己悟出应该怎么去做。

总之，不管是曲线沟通，还是直线沟通，本质上都是沟通，只是沟通的技巧和方式不同罢了，关键是要适当运用，要分情况看环境，不能一概而论。

用好了能让你在职场上获得更好的人际关系，否则，使用不当，会影响你与上司和同事的关系。

8. 功劳面前要学会说低头话

在职场中，你或许总能够非常出色地完成工作任务，总能够得到很多荣誉和赞美，总能够得到一些奖励。做出了一些成绩，你认为自己理所当然地能够评优、加薪、升职，为什么不呢？你那么优秀。可是为什么这些好事却总是离你很遥远呢？

你经常觉得自己鹤立鸡群、出类拔萃，但每次只能眼睁睁地看着别人受到奖赏和升迁，自己只有辛苦的份儿，最多偶尔被领导不疼不痒地夸赞几句。

如果你心生不满，是不是该回头好好想一想，自己平时是怎么和领导说话的？是不是经常口无遮拦地诉说自己的功劳呢？

顾冰这回换工作，碰上了一个难题。

她的上司赵玉华是个心胸狭隘的人，顾冰做错了事情，赵玉华自然要批评一通，顾冰拿到了功劳，赵玉华仍然冷着脸。要不是舍不得优厚的薪水待遇，顾冰早就辞职了。

这天顾冰交上了一个非常出色的计划书，本来暗自认为这次总该能得到上司的赞许，面上有些得意。

不料，顾冰还是挨了赵玉华的训斥。

闷闷不乐的她来到茶水间，遇到了负责清洁和后勤的张阿姨。因为平时顾冰对张阿姨态度很好，张阿姨也喜欢和顾冰说话。

张阿姨问清顾冰不快的原因，哈哈一笑，说："这个好办，你以后呢就多请示，多汇报功劳也一定不要揽在自己那里，最好全推给你上司。"

顾冰之后每天早请示、晚汇报，凡事遵从赵玉华的意见，完全满足了上司的控制欲和领导权。

另外，顾冰比之前还要兢兢业业，但是功劳全部推给赵玉华。别人出声赞扬她，她就谦虚地说这是在赵玉华的指导之下做出的成绩。

面对赵玉华，顾冰更是嘴甜，经常说自己在赵玉华的手下学到了很多东西，避免了很多错误。获得了什么奖项，顾冰也会专门去谢谢赵玉华。

时间久了，赵玉华对顾冰的态度来了个大转弯，不但不再时时苛责，还将一些"诀窍"教给顾冰。

就这样，顾冰和自己的上司建立了非常融洽的上下属关系。

在现代社会，许多人在与上司的相处中，有时候不注意摆正位置，有点能干，就以为了不起。须知，作为上司，最忌讳下级比自己强。被别人比下去是很令人恼火的事情，所以你的上司被你超过，你还沾沾自喜，这对你来说不仅是蠢事，甚至会产生严重后果。

在职场上，夸耀自己的功劳是大忌，特别是在领导的面前趾高气扬。

试想，领导的资历和能力都优于你，作为下属，再怎么能干，在领导面前得意扬扬地炫耀都是一件愚蠢的事。在功劳面前，不妨低头说话，谦虚一些。

在功劳面前做到谦虚谨慎，最直接的办法就是将功劳让给自己的上司或一些老同事。虽然这样做有点埋没了你的才华，但你的同事和上司一定会记下你的人情，你也一定会有回报。当然，对上司让功一事绝不可到处宣传，如果你不能做到这一点，会让人觉得你让功是虚伪的，倒不如不让功的好。

有一次，刘邦问韩信："你看我能带多少兵？"

韩信说："陛下带兵最多也不能超过十万。"

刘邦又问："那么你呢？"

韩信说："我是多多益善。"

刘邦听了这样的回答，心里隐约不快，之后一直耿耿于怀。

就历史看来，大家都知道，在皇帝面前，做臣子的若是总喜欢自表其功、自矜其能，凡是这种人，十有八九要遭到猜忌而没有好下场。喜好虚荣，爱听奉承，这是人类天性中的弱点。作为一个集天下权力于一身的帝王更是如此。

许多人自以为有功便忘了上司，总是讨人嫌，特别容易招惹上司的嫉恨。当一个人功高盖主的时候，往往就会被人算计。

因此，把功劳让给上司，可谓是一箭双雕：一是成就了他人，二是避免了祸害。

要是你有远大抱负，就不要斤斤计较眼下的利益，而应大大方方地把功劳让给你身边的人，特别是让给你的上司。

你固然为成就感到喜悦，上司脸上也光彩，以后，上司少不了再给你更多的建功立业的机会。

否则，如果只会打眼前的算盘，急功近利，则会得罪身边的人，将来一定会吃亏。

第十二章

搞定客户的话，抓住对方心理是关键

　　顾客就是上帝。只有一心为顾客着想的人，才会真正赢得市场，获得成功。积极地为客户着想，"以诚相待、以心换心"，是销售人员对待客户的基本原则，也是销售人员成功的基本要素。在与客户谈生意的时候，一定不要急于求成，也不要和客户死扛到底。适当运用一定的策略，在客户面前退让一步，效果会更好。

1. 换位思考：如果这是我的钱，我会怎么办

在销售行业，很多销售人员通常都存在着一个毛病——在见到客户第一面时，就急不可耐地向他们推销自己的产品，表现出迫不及待的样子，生怕顾客不买自己的东西。殊不知，这种做法很可能会引起客户的逆反心理。

仔细想想你会发现，很多时候如果你越是急于求成，他们就越是犹豫不决。那么遇到这种情况怎么办好呢？其实，你不妨换个思路，多为对方做一些考虑，你可以将客户的钱想象成自己的钱，想一下自己会如何花这笔钱，采取这种角度和客户沟通，或许会收到意想不到的效果。

刘乃文是一个空调推销员，在向一家客户推销空调的时候，他发现这家客户要装空调的房间面积很大，他们公司的空调暂时还没有适合大幅面积的型号。

刘乃文对客户说："不怕告诉您实话，要是您安装我们公司的空调的话，一个大概是不够的，因为我们的产品暂时还不能在这么大的房间内发挥最佳的效果。装一台不够，装两台浪费。我建议您安装另外一个品牌的空调，我知道他们有适合这种大面积房间的空调。"

客户非常感动，虽然没有安装刘乃文公司的空调，刘乃文也因此少了一笔业务，但是客户在之后的一年内，特意为刘乃文介绍了不少空调的买家。刘乃文因此在年底成为了业务标兵，获得了不菲的奖励，同时也为自

己的公司赢得了很高的赞誉。

刘乃文介绍给客户竞争对手的产品的做法，绝对不是给自己拆台，并非"长别人志气，灭自己威风"，而是真正站在客户的立场上为满足客户实际需求而服务，把对方的钱看作自己的钱打算，就能把自己和客户拉到同一战线上，把自己当作与客户并肩作战的伙伴，你的付出也一定会获得回报。

一位高情商的销售精英说过："能够把冰箱卖给爱斯基摩人的推销员不是一个好的推销员。因为这个爱斯基摩人在发觉上当后就再也不愿见到他了，推销员也不想再回到那里卖其他任何东西了，因为别人已对他失去了信任。"现在，有许多推销员，都有这样的想法，只想把自己的产品推销出去，好从客户那里赚到钱，却从不曾考虑客户的利益。实际上，你只要做到替客户省钱，那么客户自然会让你赚钱。

曾就职于世界500强企业的人力资源顾问乔治·哈维在退休之后回到了他的家乡——新泽西。在那里，乔治·哈维最喜欢的事情就是每天开着自己的宝马去海边钓鱼。

在哈维安享晚年的这段时间里，经常会有公司里的年轻的管理人员大老远从纽约开车赶过来向他寻求维持好人缘的秘诀。一般遇到这样的事情，哈维都会先示意对方保持安静，然后继续把手中的鱼钩抛入水中，点燃一根古巴雪茄缓缓地说："退休之后，我几乎每天都会来这里钓鱼，忙碌了一辈子，到后来老了才发现原来停下来真好。我从小就在新泽西长大，我了解这些鱼的习性。你知道吗，以前在纽约的时候，我每个周末都会去餐厅点一份牛排以及一份水果沙拉，那是我最喜欢的食物，但是，我面前的这些鱼儿却并不喜欢牛排，它们最喜欢吃的是蚯蚓。在我钓鱼的时候，我时常会想，假如我把牛排、水果沙拉、蚯蚓同时丢到水里，然后问那些鱼儿，'嗨，你们喜欢吃哪一个呢？'我认为答案是很显然的。"

乔治·哈维口中的这段"钓鱼哲学"实际上就是换位思考的通俗解释。与老哈维一样，在钓鱼的时候，我们不能只考虑到自己的感受，更多地要考虑水里的鱼儿，考虑它们的需求。销售人员如果想成功地钓到客户这条大鱼，必须学会从客户的角度考虑问题，了解客户的需求，即学会换位思考。

顾客就是上帝。只有一心为顾客着想的人，才会真正赢得市场，获得成功。积极地为客户着想，"以诚相待、以心换心"，是销售人员对待客户的基本原则，也是销售人员成功的基本要素。

换位思考，为客户打算，能够得到客户的信任，能将客户转化为你的朋友，这样双方的沟通就更为容易，交易也就更容易达成。例如，"张总您看，假设有了这样设备以后，你们是不是省了很多电，而且成本也有所降低，效率也提高了，不是很好吗？"

聪明的销售者不向客户销售产品，而是为客户提供可以省钱的方法，为客户节省开销。对于客户来说，他关心的是自己的利益，谁能以优惠的价格为他提供优质的产品和服务，他就与谁成交。

世界上最遥远的距离就是客户的口袋与销售者口袋的距离，销售人员最终的目的就是从客户的口袋掏出钱来。但是，如果你不懂得换位思考站在客户的立场上考虑问题，就永远不可能让客户心甘情愿从口袋里掏出钱来。所以，要想把客户的钱变成你的钱，首先就得把客户的钱当成自己的钱来花。

2. 情商高的人，会让对方在两个"好"中选择其一

有的时候，很多情商低的人在卖给顾客东西的时候，经常会问"您买不买？"之类的问题，此时这些人已经将所有的主动权都交给了顾客，这样做生意的成功率是非常低的，我们不妨转换思维方向，将主动权握在手里。我们可以先假定顾客肯定会购买，同时给顾客两种不同的选择，比如"选择A还是B？""红色的还是蓝色的？"，这样顾客在不知不觉中就说出自己的选择，买下了一件商品。

这种销售方法，来源于销售法则中的一个"二选一"法则，销售人员可以给顾客价格套系，让顾客决定1或2，适当地强迫顾客从 1 或 2 中作决定。

有一位老板在大街两边开办两家一模一样的粥店，每天前去就餐的顾客人数也相差不多。然而，路东的那家粥店每天的收入总是比路西那家多出近百元，而且几乎天天如此。老板觉得很奇怪，就派人前去调查，了解两个店的经营、服务情况，以解营业额不同之"谜"。

被派去的人装扮成普通顾客，他首先走进马路东边的粥店。见客人来了，服务生满面春风，面带微笑地把他迎进去，给他盛好一碗热气腾腾的粥，接着又热情地问他："先生，加不加鸡蛋？"调查者发现，每进来一位顾客，服务员都要问同样的话："加不加鸡蛋？"顾客有说加的，也有说不加的，粗算起来加鸡蛋的人和不加鸡蛋的人各占一半。

之后，那位奉命调查的人又走进马路西边的粥店。服务生同样满面春风地把他迎进去，盛好一碗热粥放在饭桌上。然后和气地问他："先生，请问您需要加一个鸡蛋，还是加两个鸡蛋？"进来其他顾客，服务员又问同样的话。通常，爱吃鸡蛋的人要求加两个，不爱吃的人一般要求加一个，

当然也有不加的，但这种情况比较少见。这样一天下来，左边小店要比右边那家多卖出很多鸡蛋。不同的问话，让两个粥店的营业额产生差异。

问顾客加一个鸡蛋还是加两个鸡蛋，能够巧妙地将顾客带进"要加鸡蛋"的语言迷宫中，此时顾客考虑的就是加鸡蛋数量的问题了，鸡蛋也在不知不觉中卖出去了。这其实就是一种选择成交的方法。

不懂得采取"二选一"的说话技巧，往往会丢掉生意。比如你推销窗帘的时候，看到客户犹豫不决，如果你上前问道："您要不要买窗帘？"客户一般会说："我随便看看。"或者"不是"。那么生意就有一半以上的可能做不成。但如果你这样问："您想要颜色活泼明亮一点的窗帘还是稳重大方一些的？"客户一定不会拒绝这种问话方式，会向你询问他更中意的一种窗帘。

客户犹豫不决是不是要约定一次会面的时候，你可以趁热打铁问："我们星期三见还是星期四见？"客户拿着一件衣服犹豫着要不要买的时候，你可以问："中号的宽松舒适，小号的显身材，您选哪个型号？"这种让客户在两个好的选择中选一个的说话方法，能够巧妙地使客户回避买还是不买的问题。

要想做成更多生意，不妨将买不买的问题变成这样的方式："买明亮的蓝色还是高贵的紫色？""您方便在十月二十号还是十月二十五号交货？""您要红色的柜子还是白色的柜子？""您要交一千元定金还是一千五百元定金？"等等。客户对这种二选一的问法，往往会认为是自己的意志。相信只要你掌握了这种方式，你做成交易的概率一定会大大增加。

当然，二选一法则也有适当的使用时间，没有进入最后阶段的时候，不要动不动就使用二选一法则。对方尚未了解你到底要跟他沟通什么，销售什么，还未产生兴趣，你突然问他你打算什么时候买，只会自己碰一鼻子灰，达不到想要的效果。

3. 退让策略：高情商的销售总是让客户觉得他赢了

生活中，很多业务员或许都有一个美梦：客户主动追在后面喊："卖给我吧！卖给我吧！我付最高的价钱！"但现实显然不是如此，客户总认为销售人员都应该追着自己卖东西。而且，客户在交易的过程中还希望得到一种胜利，他们会认为，既然销售人员都是人精，要是自己能够在价格、服务、赠品等等方面使销售人员不断让步，那就能够最大限度买到物美价廉的商品，就是一种胜利。

在向客户推销产品的时候，讨价还价一定是客户和销售人员做成生意的手段，也是交易过程中的必然过程。这时候，情商高的人往往都会退一步，在与客户讨价还价的时候，在表面看起来让客户"赢"，让客户有一种胜利感，从而顺顺利利地将生意做成。

史密斯先生的私家车已经用了很多年，经常发生故障，为此很多汽车销售人员都登门拜访，史密斯先生烦不胜烦。

有一天，一名汽车销售人员登门造访史密斯先生。这名销售人员详细地介绍了自己公司的轿车的性能的优点。史密斯先生心想，不管他怎么说，也不买他的车，坚决不上当。所以一直坚持，自己并不需要买车。

销售人员看说不动史密斯先生，就提出要看一看史密斯先生的汽车。史密斯先生心想，倒要看看这个人怎么评价这车。可是这位销售人员看了看这辆车之后，只是对史密斯先生说："现在我相信您的话了。我觉得您的这部老车正如您所说，确实还不错，起码还能再用上一年半载的，现在就换确实有点可惜，还是过一阵子再说吧！"说完给史密斯先生留了一张名片就主动离开了。

这位销售人员的言行和史密斯先生所想象的完全不同，他以为这名销售员会挑这辆老车的毛病，继续说服他买新车，于是史密斯先生觉得非常高兴，认为自己用事实说服了自己。由于之前的心理防御一下子失去了意义，史密斯先生反倒思考起那位销售人员介绍的新车的问题，仅仅过了一周，史密斯先生主动拨打了那位销售人员的电话，并向他订购了一辆新车。

不论客户是资产上千万的大公司还是普通的消费者，都会认为对面的商家无论价格压得多低，服务做得多么出色……都还有很大的利润空间。

当我们在和客户进行交易的时候，不能单纯地想着如何让客户付钱，一个真正优秀的销售者是会考虑到客户的方方面面的。所以，我们要尽量满足客户的各种心理需求，在讨价还价的时候给客户胜利的感受，就是满足了客户的征服欲望。

在谈价格的时候，你要把降价间隔的时间、措辞、表情等把握得恰到好处，让客户永远觉得你是在迫不得已的情况下降价的。如果你能做到这一点，不仅会让客户有成就感，你自己也会产生一种成就感。

比如看讲价差不多了，你就可以说："算啦，今天您是我第一个顾客，我不挣钱卖给您，就当讨一个好彩头。"或者苦笑着叹道："没有遇到过您这样会讲价的顾客，我都没有招架能力了，就这个价钱卖给您吧！"或者说："咱们是老朋友了，我可不想得罪您这个大客户，我只好让利了，您看怎么样？"这样对方一定会有一种战胜你的成就感。

当你给了客户"你完全被他征服了"的感觉，他就会打心底对你这个人产生好感，在谈条件的时候也会适时地对你手下留情，并且会把你当成长期的合作伙伴，还有可能为你带来更多的客户。

所以，在与客户谈生意的时候，一定不要急于求成，也不要和客户死扛到底。适当运用一定的策略，在客户面前退让一步，效果会更好。

4. 告诉客户这是"最后一次"，迫使客户下决心

如果有什么商品是限价限量限时销售，人们就会争先恐后去购买，因为怕被抢光了买不到。在销售的时候，如果也能利用人们的这一心理，适当地制造紧张的气氛，让客户觉得自己现在不出手很可能就要错过机会了，就能够不由自主地加快签单付款的速度。

如果销售人员在推销商品的时候，只会说一些陈词滥调、毫无新意的话，那么客户一定会觉得非常乏味，甚至退避三舍。要想做成生意，就要懂得抓住客户的心，用一些更吸引客户的话语做推销。我们可以适当地运用一些欲擒故纵、制造紧张气氛的技巧，刺激客户的成交欲望。

很多顾客对推销人员的花言巧语不屑一顾。顾客之所以敢这么做，是因为他们不怕买不到同样的商品。那么作为销售人员，同样可以反将一军，只要能够让顾客认为此时不买就没机会了，那么他们的底气就没有那么足了，产品也就比较容易卖出去了。

罗拉是一家房地产公司的置业顾问。前不久，有位托马斯先生想要在罗拉负责的楼盘中购买一套商铺房开一家诊所，但是因为价格的问题却迟迟下不了决心，所以托马斯先生先将这间商铺做了预留，以待价格能够降低。

时间过去了好久，托马斯先生还没有来签订购房合同的意向，罗拉为此非常着急，决定主动给托马斯先生打个电话。她说："托马斯先生您好，我是××楼盘的置业顾问罗拉，打电话来想跟您商量件事。"托马斯先生在电话那头应道："罗拉你好。您请说吧！"

罗拉慢慢地说："是这样的，您让我们为您预留的那间铺子，已经有另外的客户看中。"顿了一顿，罗拉又接着说："巧的是，您开诊所，这

个客户开药店。"托马斯先生有些着急："罗拉小姐，我是预留过的。"

罗拉笑笑说道："您先别着急，您先做了预留，所以现在想要询问您的意见。要知道，这个商铺是不可多得的，不论从位置还是对诊所的需求人群。另有人看中这个楼盘，说明您非常有眼光。您为什么不买呢？"托马斯先生说："如果你能在价格上更为让步的话，我想我会买的。"

罗拉听了托马斯先生的话，就继续说道："您一定也看过周围出售商铺的别家楼盘，我们的价格并不贵。我怕您再耽搁下去的话，您会失去购买这家商铺的机会。"托马斯先生想了一会儿，觉得很有道理，又怕商铺被别人抢着买走，就说："这样吧，我明天过去你那里签合同怎么样？"

罗拉克制住自己激动的心情，尽量平稳地回复道："好的，到时我在售楼部等您。明天见，托马斯先生！"当然，并没有另外一个买家要购买这家商铺，这只是罗拉为了让托马斯先生下决心而编造出来的借口。

在客户犹豫不决的时候，你可以提醒客户这是最后一次机会，机不可失，时不再来。比如，"这件衣服每个号只有一件，你要是现在不买，就再买不到一样的了""今天是降价促销的最后一天，明天就会按照原价出售了"或者"下一周就是下一个季度的开始，下周之前，我们公司一定要将下一季度所需的材料备齐，如果您犹豫的话，我们可能就要另寻合作伙伴了"。

这种利用最后期限或者商品数量的限量性的说法，是将客户推上了一个无选之选。本来心有犹豫的客户，会担心现在不马上成交，以后就没有机会了，一般就会马上出手。

有时候，顾客中意你的产品，但是又因为某种原因而迟迟不作最后的决定，这时候，作为一个优秀的推销员，就不光要懂得主动出击，还要善于制造危机感，假定这是最后的期限，再不出手就再也买不到了，这样一来，顾客肯定会在短时间内迅速签单。

5. 利用从众心理：大家都买了，你买不买

一般说来，群体成员的行为，通常具有跟从群体的倾向。表现在购物消费方面，就是随波逐流的"从众心理"，当有一些人说某商品好的时候，就会有很多人"跟风"前去购买，即使不怎么好，也会在心理上有所安慰，毕竟大家都在买，肯定差不了，上当也不是自己一个人。

从众心理在消费过程中，是十分常见的。因为人都喜欢凑热闹，当看到别人纷纷抢购某种商品的时候，也会毫不犹豫地加入到抢购大军中去。此外，从众购物还有一种"赶时髦"的心理，流行的就是受欢迎的，不落伍的，所以大家都会纷纷抢购。

作为一个销售人员，恰恰可以利用人们的从众心理，为自己向顾客推销商品带来很大的便利。销售人员可以吸引客户的围观，制造热闹的行情，做出一种商品很受大家欢迎的氛围，以引来更多客户的参与，从而制造更多的购买机会；或者可以委婉地告诉客户，都有哪些人是自己产品的忠实用户，特别是名人，更有说服力。

例如，销售人员经常会对客户说，"最一款产品是卖得最好的了，反响很不错"，"小区很多像您这样年纪的大妈都在使用我们的产品"，这样的言辞就巧妙地运用了客户的从众心理，使客户心理上得到一种依靠和安全保障。顾客假如想要购买一种同类的商品，一定会选择你这种看起来最受大众欢迎的商品。

即使销售人员不说，有的客户也会在销售人员介绍商品时主动问道："都有谁买了你们的产品？"意思就是说，都有谁买了你的商品，如果有很多人用，我就考虑考虑。这也是一种从众心理。

袁鸿是一个企业家，他非常具有创新精神，他经过无数次的钻研和实

验，生产出一种多功能的拖把。他做过市场研究，每家每户虽然在拖把上花费不多，但是数量是可观的。如果有百分之十的人家买自己的拖把的话，就能够赚很大一笔；如果能够稳住市场的话，就能够越做越长久。

袁鸿立即着手将自己发明的多功能拖把申请专利，并开始进行专业化生产。它采用了新材料和新技术，轻便耐用，质量上乘，外形美观大方。公司也花了大量的精力去宣传这种神奇的多功能拖把。不料，袁鸿原本以为会出现的轰动效果并未发生，试卖之初，基本无人问津，生意可谓冷清惨淡。

袁鸿焦急万分，苦思冥想终于想出了一个好主意。他派自己公司的员工来到店面"上班"，不过这个上班却是扮成顾客排长队购买自己公司的拖把。看着排起的长龙，很多人都心生好奇，纷纷议论："什么商品这么畅销？这么多人排队？"从而吸引了不少顾客购买他们公司的拖把。就这样，刚开始冷清的局面被打开了。

当然，顾客们购买之后，发现了这种拖把的优点，自然会继续购买，还会推荐身边的邻居亲友购买，袁鸿的拖把生意真正地做大了。

其实，袁鸿的拖把生意就是利用客户的从众心理打开了市场，当然，畅销的前提是拖把的质量好，功能多，在被客户购买后得到了认可。因此销售最终还是要以质量赢得客户的，而利用其心理效应只是一个吸引客户的手段。

做生意不能只做一次生意，要遵守职业道德。"从众心理"不能作为一种欺骗的手段来谋取利益，否则只会适得其反。

"从众"是一种比较普遍的社会心理和行为现象。人都需要有归属感，买东西也不例外。大家都认为某种商品好，我也就这么认为；大家都去买某个品牌的东西，我也就跟着买。销售人员在与顾客沟通的时候，要投其所好，告诉他：大家都在买，你呢？

第十三章

求职的话，情商高的人会给自己加分地说

现在的人面临很大的求职压力，面试中，每一个求职者都希望尽可能多地展现自己的优点，这样才能博得面试官的好感。但是很多求职者感到头疼，因为他们不知道怎样回答才能令面试官满意。站在面试官的角度，他也想要更多地了解你的信息。因此，作为一个接受过正规大学教育的人，一定要学会"给自己加分地说"，这些将会帮助你在未来的工作中做出更好的成绩。

1. "能谈谈你的缺点吗？"

面试中，每一个求职者都希望尽可能多地展现自己的优点，这样才能博得面试官的好感。然而站在面试官的角度，他不可能只关心你的优点，你的缺点更是他想要了解的信息，因此"能谈谈你的缺点吗？"几乎成为每一场面试都会被问到的问题。

这个问题让很多求职者感觉到头疼，因为他们不知道怎样的回答才能令面试官满意。首先，不能说自己没有缺点。毕竟人无完人，每个人身上都会有缺点，如果对面试官说自己没缺点，那难免会落下一个狂妄自大的评价。其次，不能过多地提自己的缺点。面试是为了展示自己的优点，如果说了太多的缺点反而把自己的优点给掩盖下去了，那岂不是搬自己的石头砸自己的脚？

李晶刚刚大学毕业，意气风发的她去参加面试，在面试的时候，面试官问："能谈谈你的缺点吗？"李晶从来没有对自己进行过认真的分析，根本就不知道自己有什么样的缺点，于是头发一甩，高傲地说："我认为我自己没有什么缺点，反正是什么都能干。"面试官微微一笑，让她离开了。

事实上，面试官问关于缺点的问题，也并非是一定要从你口中知道你到底有什么实在的缺点，最重要的是他要知道你到底对自己有没有一个清醒的认识。作为一个步入职场的人，如果连自己的缺点都搞不明白，那么只能说明你还不适合到职场中来。所以，对于面试官这样的问题，求职者无须回避。但是如果你的回答不当，你所说的缺点让面试官感觉你不能胜任工作，那么你的回答同样会让你失去工作，这与狂妄地说一句"没有缺点"的结果是一样的。那么求职者在面对这样的问题的时候，究竟该怎样作答呢？

第一，坦然承认，博得认同。

每个人都有优缺点，当面试官提出让你谈谈自己的缺点的时候，你一定要坦然承认，这起码在第一时间证明你是一个诚实的人，同时也会让面试官对你产生好感。当然，仅仅是坦承自己有缺点还不够，最重要的是要向面试官表明自己一直在试图克服缺点，这样你正确认识缺点和努力改正缺点的精神，已经可以加深面试官对你的印象了。

第二，明谈缺点，实论优点。

虽然你要向考官说明你的缺点，但是在这个过程中，你可以将你的优点穿插进去，这样做的好处就是能够平衡缺点给你带来的不好的影响。"明谈缺点，实论优点"说白了就像是"我很丑，但是我很温柔"一样，着重点在后面的内容，而不在自己的缺点上。比如说，我们可以这样说："我不太善于和别人交往，但是我做事很勤恳。"或者是"我的创新能力不是很强，但是我做事非常小心谨慎"。

"明谈缺点，实论优点"要做得不着痕迹也不是那么容易，因为如果你把毫不相关的优缺点结合到一起来说，会被面试官一眼看穿，同时，如果你所强调的优点对于你将要从事的工作并没有任何帮助的话，你的优点也难以掩盖缺点带来的影响。所以，在"明谈缺点，实论优点"时一定要注意与自己申请的工作相结合，把缺点说成是和工作无关的缺点，把优点说成是和工作密切相关的优点。这样你的缺点就没有什么影响了。

第三，不宜说出令人不放心、不舒服的缺点。

通常情况下，性格上的缺点是不能说的，因为首先，性格上的缺点难以改变；其次，性格上的缺点对于工作的影响是非常大的。比如"说瞎话""贪财""懒惰"和"情绪不稳定"等。如果你说出了这样的缺点，那么面试官对你的评价一定会降低。

第四，不宜把那些明显的优点说成缺点。

优点和缺点在很多情况下是可以相互转化的，在某些情况下是缺点的部分在另外一种场合可能就变成了优点。如果你想在面试官面前打这副牌的话，那你就错了。那会让你的回答显得非常做作。"不老实"的印象一定会深入面试官的心中。

第五，善于"打擦边球"。

事实上缺点指的是任何特征上的缺陷，但是很多时候，我们可以把非人格特征上的缺陷当成是缺点来说，这样一来，这种非缺点的"缺点"就可以帮助我们蒙混过关。比如说，你可以说"我最大的缺点就是缺乏工作经验。"对于一个应届毕业生或者是一个参加工作时间不长的人来说，缺乏工作经验是一个明摆着的问题，根本就谈不上缺点。面试官更不会因为这个人人都知道的"缺点"而拒绝你。

第六，避重就轻。

有些时候，缺点问题避无可避的时候，我们还可以采用避重就轻的方式来回答。比如说，你可以将缺点说成是以前，以过去的一个实例来证明自己曾经有这样的缺点，而后来意识到这样的缺点之后，一直在改进。

2. 你还有什么想问的？

面试是面试官主动测试，求职者被动应试的过程，然而求职却是求职者主动的行为，所以，有很多问题是求职者在面试之前就了解到的，而不应该放到面试中去问。如果求职者不注意这一点，问一些很没有水准的话，那么必然会因为这而丧失工作机会。

　　顾海大学刚刚毕业，由于缺乏工作经验，所以找工作很困难，为了提高获得面试的机会，他成了"海投族"，每天都在网上投发大量的简历。果然，他接到面试的通知比一开始的时候大有提高。但是每次面试回来，他都是垂头丧气，因为几乎没有一次面试能够成功。问题的根源出在哪儿呢？就出在他在面试中提的问题上。

　　由于每天在网上投的简历太多，所以他根本就不知道自己究竟投了哪家公司，应聘的是什么职位。而且他在面试之前也不去网上查一查，所以，每一次去面试的时候，他都会向面试官提出一个愚蠢的问题："我面试的是什么职位？"他的这个问题让所有面试官不满，几乎没有一个面试官在听到他的这个问题之后还让他继续面试下去的。

　　如果像"我投的什么职位"这样的问题你也要去问面试官，那么只能说明你的求职态度有问题，没有一个面试官愿意留下一个连自己想干什么和要干什么都不知道的人。求职是一件非常严肃的事情，对于求职者更是一件非常重要的事情，每一个求职者都应该认真对待。在面试官看来，如果你是真心求职，那么你必然会对你所投的公司和职位有确切的了解。如果你没有的话，那就只能证明你并非真心实意地想要得到这份工作。

　　的确，现在的人面临很大的求职压力，所以广泛地投简历也无可厚非，但是广泛也不能没有限制，不能任意乱投。即使你投了很多简历，你也应该把你所投出的简历进行记录，将所投向的公司和应聘的职位进行列表。这样，一旦你收到面试通知，就可以马上查到相关的信息。再者说，现在互联网信息发达，通过网络投出的简历都可以在网上重新查到，只要你勤快一点，就可以在事先知道，也不至于在面试的时候提出那样愚蠢的问题。

　　除了自己投的什么职位这个在面试之前应该知道的问题不能问以外，

在面试中还有一些问题也不能问，那些问题也会让你在面试官心中的形象一落千丈，让你的面试成绩瞬间滑坡。通常情况下，面试结束的时候，面试官通常会问求职者还有没有什么问题要问，这个时候，绝不是畅所欲言的时候，有很多问题是不能问的。如果求职者问到了不该问的问题，那么很有可能会把到手的工作弄丢。

第一，咨询公司背景情况。

当今的社会是一个互联网的社会，作为一个有素质的应聘者，在参加面试之前，应该做好面试单位的背景调查、业务范围调查以及自己所要应聘职位具体的工作范畴的调查。如果到了面试的场合，你还要咨询公司具体是做什么的，那就意味着，你告诉面试官，你是一个毫无准备的应聘者。这种情况，无论是在中文面试还是英文面试中，都是超级忌讳的。

第二，咨询升职机会。

升职机会是与自己的前途息息相关的问题，按理来说求职者是应该询问的，但是如果你在面试的时候直接将这个问题提出，那会让面试官觉得你这个人太过功利，会给面试官留下不可靠的印象。当然，如果你非常注重这方面的信息的话，你也可以提问，但是不能如此直接地就提出，而应该换另外一种问法。比如你可以试着问公司是否每年都有绩效审核以及薪资评估。

第三，咨询其他相关的职位。

很多应聘者在参加英语面试的时候，有时会发现自己的能力比所要应聘的职位要求的能力高出很多，但是又因为对于这家特别的喜爱，最后就会向面试官咨询是否有相关合适的应聘职位。在咨询相关职位的时候，不能够过于直接，如果应聘者过于直接的话，会引起面试官的反感。

在面试的时候，最好是不要咨询面试官是否有其他合适的相关职位，如果真的是很喜欢这家公司，再加上自己的能力真的是很不错的话，可以用非常委婉的方式咨询面试官。例如应聘者可以通过自己上一份工作的表现，委婉地告诉面试官自己的能力水平。如果你运气好，遇上了一个通情达理的面试官的话，那么你的这个问题最后会得到答案。

第四，你们有多少假期。

面试结束并不意味着你已经得到了这份工作，如果你在这个时候就提出假期的问题，那么足见你是一个慵懒的人，这有可能会让你本来能够到手的工作就因为这个问题而没了。通常情况下，面试官会主动将这个问题告诉你，所以，你不必着急去询问这方面的问题。

3. 面试：待遇是谈出来的

面试中谈论薪酬，对于经验不多的新人来说是个敏感的话题。说高了，怕把用人单位吓跑；说低了，怕把自己降价处理，并让对方感觉对自己没信心。这让很多人不禁生出了这样的想法："很想和 HR 谈薪，但是又觉得对方肯定会有标准，但是最后的薪水又不满意，只能安慰自己说工资不重要，就当是学习。"

大四下半年，大家开始忙着找工作，成绩优秀的陈冰迫于各方面的压力最后放弃了考研打算提前结束自己的学业。可是，所有的投出的简历犹如石沉大海，一点音讯都没有。终于有一天，一家中美合资的外贸公司打来电话让陈冰去面试。

面试当天，陈冰按照约定早早地到达了那家让她来面试的公司，在陈冰结结巴巴地进行了自我介绍后，面试官开始正式进行了面试。结果第一个问题就把陈冰呛住了。面试官说，"我们招的是专科学历，你是本科怎么会来应聘这个岗位？"陈冰支支吾吾地说，"我……我觉得你们公司挺好的，也比较适合我的专业。""我们公司好在哪里？这里工作压力很大，平时要经常加班，你可以适应吗？试用期只有基本工资1500元，其他什么福利也没有，你觉得能接受吗？或者你期望的工资是多少？"面对主考官连珠炮般而又近乎苛刻的问题，陈冰紧张得手心直冒汗，只知道用"是""可以""行"来证明她的诚意。最后，面试官笑了笑说，那你下周一可以来报到了。

走出公司的那一刻，陈冰长长地嘘了一口气，不过回想起面试官说的试用期1500元，以及转正后增加不多的薪酬，陈冰又是一阵头疼，在对比了其他的公司后，陈冰最终放弃了这家公司。

陈冰拥有本科学历，而且成绩优秀。这自然可以当作她与用人单位讨价还价的重要筹码，但是陈冰从来没有经历过面试，她并不知道面试中的"弯弯道道"，更不知道有些时候薪资是可以谈的。

其实，绝大多数大公司的薪酬制度都比较健全，面试主考官能和你谈到薪酬问题，已经是对你工作能力的肯定，你可以大胆提出自己的要求，同时注意结合实际情况。要求太高易引起反感，太低显示信心不足，要实事求是。具体的标准可以参考同行业的朋友，或请教人才市场的管理人员，请他们给予指导。只要不是太离谱，公司会和你协商的。

一家家具公司招聘一名市场策划，前来应聘的人很多，在经过了面试之后，考官都要问求职者一句："你希望的薪金是多少？"很多求职者都用不同的数据回答了面试者的这个问题。

只有小王回答道："我期望一个比较合理的薪金待遇，就学历而言，我是统招本科，高于您要求的大专学历；就专业而言，我是市场营销专业，与您的需求相当对口；就成绩而言，我在班级能排到前5名，专业知识很扎实；就能力而言，我在大学时是优秀学生干部，组织能力和领导能力都还不错。我如果加入贵公司，一定会给您带来不错的效益，而我个人也期望得到相应的回报。因此，我希望得到一个不低于该职位现有员工标准的待遇。不知道我的请求是否过分？"

考官听到此话，笑着说："不过分，不过分，既然是人才，我们就应该适当提高待遇。你的要求我们可以满足。"

当考官问你希望拿多少薪金的时候，最好慎重回答，因为这表明考官已经有意招你加盟，稍有不慎就可能前功尽弃。面对这个问题，小王不露声色地把话题由薪金的多少转到展示他的实力上——展示自己的学历、专业、能力等优势，让考官觉得值得为他付出比较高的薪金。这样的回答很自然地回避了敏感的问题，使自己从被动的位置转移到主动的有利位置。

其实在面试的时候，应聘者谈薪酬是有一定技巧的。

第一步是了解对方可以提供的薪酬幅度是多少，这里的关键是善于发问，让对方多讲，而自己了解足够的信息。当经过几轮面试后，面试官会问应聘者："你还有什么想了解的问题吗？"应聘者就可以问："像你们这样的大企业都有自己的一套薪酬体系，请问可以简单介绍一下吗？"面试官一般就会简单介绍一下，如果介绍得不是太详细，还可以问："贵公司的薪酬水平在同行业中的位置是怎样的？除了工资之外还有哪些奖金、福利和培训机会？试用期后工资的加幅是多少？"等问题，从对方的回答中，你再对照一下市场行情心里就有底了。

第二步是根据以上信息，提出自己的期望薪酬。如果对自己想提的薪资还是把握不准，那也可以把问题抛给对方："我想请教一个问题，以我现在的经历、学历和您对我面试的了解，在公司的薪酬体系中大约能达到怎么样的水平？"对方就会透露给你准备开的工资水平。

如果你在面试中对于面试官开出的薪资标准不太满意，就可以尝试用探讨式、协商式的口气去争取高一些：比如"我认为工作最重要的是合作开心，薪酬是其次的，不过我原来的月薪是 5000 元，如果跳槽的话就希望自己能有点进步，如果不是让您太为难的话，您看这个工资是不是可以有一点提高？"这时要看对方的口气是否可以松动，松动的话则可以再举出你值更高价的理由。如果对方的口气坚决，则可以迂回争取试用期的缩短，比如说："我对自己是比较有信心的，您看能不能一步到位直接拿转正期的工资，或者把3个月的试用期缩短为1个月？"

总之，好的薪水是要靠自身才能得到的，但多调查和多注意这方面的资讯，使自己在面试前做到对这个职位的大致薪水有个了解，就会使你不至于提太高或太低不切实际的要求，从而失去到手的工作。还有，谈薪水关键在于充分地展示自己的实力，如果公司很认同你的实力，那么如果你要的薪水不是高得太离谱，大部分情况下都会成功。

4. 面试陷阱：离职后如何评价前任老板

你想离开一家公司的理由有无数个，甚至连理由都不要就可以离职，可是离职以后你去面试的时候，HR肯定会询问离职原因。稍好的可能一带而过，如果好奇心重的那必然会仔细地探寻。当然，除此之外，甚至还有的了解完辞职原因之后，还会让你评价一下"前任老板"的好坏。

很多高智商的人在面对这个问题时，都会谨慎作答，因为他们能够从面试官的语气中听出这是一个陷阱。一般来说，评价前公司的老板无非就是两种答案，要么是说好话，要么说坏话。本来以我们一直受到的"一团和气"的教育以及传统来说，说好话没有人会说什么，但是这给面试官留下了话柄——老板那么好，你为什么要离开呢？

这样不好回答，那不如就说说前任老板坏话吧，从前的老板刚愎自用、任人唯亲、品行极差，如果你真的以这个逻辑说下去，那么会更糟，恐怕面试官在听完你的叙述后会直接让你离开。要知道，在面试时，对着面试官大吐对前任上司的不满，也同样会引起面试官的反感和不满。尤其是当你所面对的面试官还是你求职公司的老板，因为当你"滔滔不绝"地说起前任老板的缺点时，面试官通常会想："要是把你招了进来，以后一有不如意，离职后不是要破坏自己的形象吗？"

其实，在你面试时，面试官之所以会询问"前任老板"的话题，主要还是面试官想了解你跳槽的真实原因。这时候千万不能太实诚，须知这是带有考察性质的面试，不是你和朋友的吐槽大会，千万别把"前任老板"贬得太低。一个巴掌拍不响，既然干不下去，那肯定得从多方面找原因。如果都把问题推给别人，而你一点错都没有，那必然会给人留下狡辩的坏印象。

更何况现如今的行业关系越来越紧密，一些看似不搭边的企业间，或许也会存在着合作。如果恰巧你的面试官和前任公司认识，而此时你又大批特批的话，你觉得后果会是怎么样呢？

诚实是做人的首要原则，也是考量求职者最重要的一条标准。能力有所欠缺可以再提升，可人品如果有问题，那肯定会被舍弃。这是毫无疑问的事实。

贬低前任老板的目的，无外乎是抬高自己的身价。跳槽为的是啥，还不是人往高处走吗？既然你已经有了经验积累，也有一定工作能力，那还怕啥？何必再去给自己脸上擦粉呢？过犹不及，太过完美的人总是很假。如此这般，还不如老老实实地将自己最真实的一面展示出来，用能力赢得入职机会。

面试评价"前任老板"你可以这样说：

第一，"前任老板"人很好，但因为个人某些不足造成事业发展遇到瓶颈，想换个环境重新开始。

第二，我不想过多评价我的前任老板以及公司，我觉得这是一个职场人应具备的基本职业道德。事实上，每个人都有自己的长短优劣，我更想和您讨论贵公司能否给我发展空间，以及我是否有机会来此工作。

第三，我在上家企业工作多年，我今天的一些成绩，跟在这家企业的成长以及老板的栽培是分不开的，我对其有着很深的感情。

或者，你也可以直接评价前任老板的仪表以及衣着，例如前任老板"成熟老练""穿衣很有品位"等。在你说这些话的时候，要记住语气一定要平铺直叙，一定要显得很平淡。没有任何一个面试官会对另外一个男人或是女人的穿衣打扮有兴趣，多数面试官在听过这个回答后也不会再过多纠缠这个话题了，你也避免了选择困境。

5. 高情商者如何描述自己的离职原因

跳槽是职场的常态，而跳槽的原因却成为跳槽之后的就业阻碍。几乎每一家单位都会在面试中问到同一个问题："你能否描述一下你离开以前所供职单位的原因？"这个问题的答案往往决定你能否成功地录用。

造成求职者离职的原因很多，如果你的原因是客观因素造成的，比如，上下班路途远、专业不对口、结婚、生病、休假等，那么你尽可以找事说来，那不会影响新的用人单位对你的道德评价。然而，有一些会影响到招聘单位对你的评价的原因却不能照实说，否则，新的单位也担心你会因为同样的原因，草率地离开公司。

姚广田在一家公司做业务两年，虽然在这两年的时间里，他工作业绩突出，但是长期和上司不和，最终他忍无可忍离开了公司。经历了一段时间的待业之后，他又一次到一家公司面试。

在面试中，姚广田遇到了惯例性的问题，"你为什么离开原来的公司？"姚广田认为这没有什么好隐瞒的，于是就照实告诉了面试官，结果他没能应聘成功。面试官认为姚广田在这家公司两年，还没能和上司搞好关系，那么说明他是一个不善于搞人际关系的人，这样的人将来在自己的公司也同样会这样。

吸取了这次教训之后，姚广田在后来的几次面试中都把离职原因改成了"薪水太低"。然而他同样还是没能应聘成功。"薪水太低"的原因同样不被面试官认可，因为这样一个在乎收入的人，一旦有别的公司来挖墙脚，他一定会再次跳槽。

几乎所有的用人单位都会毫不例外地想要通过求职者离职的原因了解更多关于求职者的信息，同样他们会无一例外地会根据求职者在原来公司的表现推测求职者将来会在自己的公司的表现。所以，在回答面试官的这个问题的时候，一定要注意淡化敏感答案，不给面试官留下猜测的余地。也就是说，你的答案要让面试官清楚明白地知道，你在过往的单位的"离职原因"在此家招聘单位里不存在。

事实上，现代求职者离职的原因不外乎以下几种：人际关系不好处理、收入不合期望、与上司相处不好、工作压力大等。而这些原因或多或少都与求职者本身有关系。这些原因所反映出来的问题是求职者不能应对工作。所以，这样的原因最好不要出现在面试中。

第一，收入太低。

如果你离职的原因仅仅是因为收入太低，那么你能够在一个工作岗位上稳定下来的可能性就非常低，因为你对收入的要求会随着工作时间的加长而不断提高，而公司的薪资制度无法满足你对薪水的需求。这样一个随时会跳槽的人，招聘公司又怎么会要呢？当然，如果是你在那家公司干了很久的时间，且做出了成绩，而那家公司给出的薪酬的确非常不合理，那么你可以详细地说明，相信面试官不会因此而对你产生"如果有更高的收入，会毫不犹豫跳槽"评价。

第二，人际关系复杂。

现代企业讲究团队合作，每一个从业人员都需要面对复杂的人际关系。如果你仅仅因为人际关系复杂就跳槽的话，那么只能说明你缺乏人际交往的能力，从而胆怯和避讳。而新的用人单位中同样有复杂的人际关系，你一样是不能适应的。这样的话，面试官就没有必要把你招进公司，然后再等你跳槽了。

第三，分配不公平。

现代企业为了调动员工的积极性，引进竞争机制，以浮动的工资制度来刺激员工，以提高业绩和效率。同时，为了不引起不必要的麻烦，公司往往会对每一个员工的工资保密。如果你因为这个原因跳槽，那么只能说明两个问题：一，你没有竞争优势；二，你有刺探别人的收入的嫌疑。有了对你的这两条评价，那你必然是不可能被录取。

第四，上司有毛病。

工作中需要与各式各样的人打交道，如果你仅仅因为上司有毛病就离开公司，那么说明你缺乏与人沟通的能力。很难想象，在将来的工作中，如果你遇到了很难缠的客户会怎么样。

第五，工作压力太大。

伴随着激烈的竞争，每一家公司都顶着巨大的压力在工作，相应的，公司的员工的压力自然也随之加大。如果你不能负荷工作中的压力，而想要找一个没有压力的工作，那真的很难，因为没有一家公司会对一个不敢挑战困难的、懒惰的人感兴趣。

总而言之，在向面试官描述离职原因的时候，一定要想一下，你的原因会让面试官对你的判断产生什么样的影响。几乎所有的掺杂着主观的负面感受的离职原因都不可能被面试官所接受，因为那些原因所反映出来的问题都在反映你自身的缺点。

当然，我们也不能回避这个问题，用"个人原因"来打发面试官，那会让面试官感觉你很不诚实。最好的做法就是利用离职的原因抬高自己。像这种主观性很强的问题，并没有一套标准的答案，最重要的是你要懂得揣摩面试官的心理，然后投其所好。

6. "王婆卖瓜"是你必备的口才

面试中最能够给面试官留下深刻印象的是什么？是你的优点。所以，在面试中，我们一定要不遗余力地向面试官陈述自己的优点。那么如何才能有效地陈述自己的优点？

第一，通过自我介绍陈述自己的优点。

自我介绍是面试的第一步，面试官希望通过简单地自我介绍来了解你，在这个过程中，面试官真正想要了解的是你的优点，而不是你的简单的个人信息。因此，在自我介绍中，尽量减少诸如姓名、工作经历、时间等东西的介绍，这些已经呈现在你的简历之中。更多的应该就自己的优点进行描述。当然，谈优点的时候，也不能够泛泛地罗列，而应该结合具体的事实进行表述，也可以借用他人的名义对自己进行评价。

第二，多说与职位相关的优点。

我们每个人都具有一定的优点，但是我们的优势对于面试官来说未必就是优势，只有那些符合职位要求的优势才是面试官乐于关注的优势。因此，在向面试官陈述自己的优点的时候，应该突出自己的成绩以证明自己的能力，但是不要忘了这些成绩必须与现在应聘公司的业务性质有关。在面试中最重要的不是要告诉面试官你是多么优秀的人，而是要告诉面试官你是最适合这个职位的人。所以，即使是那些你引以为豪的成绩，如果和职位无关，也要忍痛割爱。

陈莹去电视台应聘，但是他在大学的时候学习的是新闻学，新闻学偏向于纸质媒体，对于电视节目制作方面，涉猎并不多。所以，在自我介绍的时候，陈莹只能将自己在大学的时候所学习的和新闻传播相关的东西罗列上去，将自己曾经参加过的社团活动讲出来。虽然听起来非常丰富，但是并没有多少内容是面试官想听到的。

每个人都有自己引以为豪的成绩和突出的能力，但是在自我介绍的时候，切不可将这些都放上去，因为如果你的优秀和职位无关，那对于面试官来说就是毫无意义的。所以，宁可将自己并不是很突出，但是却和职位有关的能力讲出来，也不可将和职位无关的优秀能力添上去。

第三，重复自己的优点。

面试官每天可能会面对很多的求职者，如果你想要让他记住你的优点，就必须不断地重复，否则，你所陈述的优点就会湮没在众多求职者的信息当中。

休斯敦 Kirkpatrick 国际公司的 Susan Croce Kelly 是一名专门给高级主管写演讲稿的沟通专员。她建议求职者在面试过程中，尽早告诉面试官自己想说什么，然后在以后的面试中不断重复自己的观点。她说："拿演讲来做比方，在演讲中你要让观众说'这是一个很精彩的演讲'并不难，但五分钟之后人家就忘了你说什么了"，让观众记住两个演讲者的观点就是很高的纪录了，所以说重复很重要，这样尽管观众第一次忘记了，但你是在不断强化你的观点。

当然，重复提及自己的观点也要讲究方式方法，如果你只是不断地重复同样的话语，非但不能让面试官印象深刻，还会让他认为你欠缺表达的能力。其实，同样一个优点的陈述可以有不同的方法。比如，你在自我介绍的时候，简要地说明了自己有很强的组织能力，那么在面试官询问你的工作技能的时候，你还可以通过具体的例证来说明这一点。

第四，陈述优点时要注意语言的逻辑性。

语言的逻辑顺序往往能够影响表达的效果，所以，在陈述自己的优点的时候，一定要注意内容的顺序。通常来说，排在头位的应该是面试官最想知道的东西，因为这样你就可以在第一时间抓住其注意力，陈述效果自然大大不同。同时，介绍的时候还要层次分明、重点突出，使自己的优势很自然地逐步显露，不要一上来就急于罗列自己的优点。

只要你能在面试的时候，充分运用以上的陈述技巧，你的优点将会牢牢地刻在面试官的脑海中，面试成功的概率也将会大大增加。

7. 面试官喜欢的是你正确有效的倾听

倾听是交流的重要组成部分，没有倾听就没有交流。倾听是对对方的一种尊重，试想一下，你在和别人说话的时候，对方总是心不在焉，你会不会很生气。在面试中，双向交流是必然的。有效地倾听面试官的话，让面试官充分感受到你对他的尊重，能够轻易化解他对你的刁难或作为陌生人的排异心理。求职者在做一个好的交流对象之前，一定要先学会做一个合格的倾听者。

倾听不仅能够赢得面试官的喜欢，正确有效的倾听更是让面试顺利进行下去的基础。比如说，一个南方人和一个北方人谈话，双方语言不通，两方都听不明白对方在说什么，这样的交流必然是南辕北辙。当然在面试中并不会出现这种情况，但是由于面试中的交流都是暗藏机锋的，如果求职者不能对面试官的话正确有效地倾听，那么必然会对面试官的提问产生错误的理解，进而提供错误的答案。所以，求职者必须学会正确有效地倾听。

求职者在面试中处在被试的地位，要时刻关注考官的思维变化、谈话内容的要点、主题的转变，语音、语气、语调、节奏的变化等各种信号，准确进行分析判断，然后采取合理有效的应对措施，因此"听"清楚考官的每句话，是最基础、最根本的问题。

杨明第一次去参加面试，在面试之前，他在网上搜集了很多关于面试的资料，并且准备了很多"标准答案"。然而在面试的那一天，面试官并没有按套路出牌，而是一开始的时候就对杨明简历中关于出外进修表示出了浓厚的兴趣，不断地就这个问题进行追问，满脑子里都是"标准答案"的杨明被面试官打了一个措手不及，浑浑噩噩的他连面试官的问题都没有听清楚，他给出的答案自然让面试官频频皱眉。

整场面试，杨明都好像魂游太虚一样，答非所问让面试官实在是忍无可忍，最终提前终止了面试。杨明自然也失去了这次机会。

正确有效的倾听不仅仅是听见面试官说什么，更重要的是要听懂面试官说什么，一个求职者如果仅仅局限于听见面试官的话，那么必然不能让面试官满意，因为只要是耳朵没有问题的人都能听见。只有做到了听懂，才能根据面试官的意思给出面试官满意的答案，这样才能让面试官喜欢。那么求职者该怎样倾听，才能做到正确、有效的倾听呢？

第一，耐心倾听。

一些求职者在面试中总是表现得过于积极，当面试官提到一些非常熟悉、简单的话题的时候，没等面试官说完，求职者就打断面试官的话，断章取义地对面试官的话进行理解。首先这是不礼貌的行为，是对面试官的不尊重。打断面试官的话，明摆着是你不愿意继续听他说话，对于这种行为，面试官是很难容忍的。

还有一些求职者小心翼翼地通过了专业知识问答，在面试临近尾声时，得到了面试官的正面评价，就觉得通过这次面试没有问题了，于是开始憧憬下一步的打算，一不小心就分了神，面试官再说什么也就没注意到了。这被面试官看到眼里，往往会让他觉得很不舒服，也对应聘者有了不好的印象，最后的评分就会大打折扣。

第二，仔细倾听。

体现自己仔细倾听的最好办法就是积极与面试官配合，对面试官所提出的观点表示赞同或者是提出自己的意见，还可以就面试官提出的问题进行提问。从你这样的举动中，面试官可以清楚地知道你在仔细听他说的话，没有漏掉任何一句。

第三，用心倾听。

用心倾听是听懂面试官的话最重要的方法。在听面试官的提问的时候，要始终全神贯注，保持饱满的精神状态，专心致志注视着对方，以表明你对他的谈话感兴趣。同时，将面试官所说的每一句话都好好地过过脑子，善于从中发现和提炼出其真正的含义。

以上三点是在讲我们在倾听的时候的态度，除此之外，在倾听的过程中，还要注意以下细节：

不仅要听对方所说的事实内容或说话的本身，更要留意他所表现的情绪，加以捕捉。

注意对方尽量避而不谈的有哪些方面，这些方面可能正是问题的关键所在。

必要时将对方所说的予以提要重述，以表示你在注意听，也鼓励对方说下去。

在谈话中间，避免直接的质疑和反驳，让对方畅所欲言。即使有问题，留到稍后才来查证。此时重要的是，获知对方的真实想法。

遇到某些你确实想多知道的事情时，不妨重复对方所说的要点，请他做进一步的解释和澄清。

不要自己在情绪上过于激动，此时尽量要求了解对方；如果你赞同对方的观点，适当表示一下就可以了，关键是态度要诚恳，行为要表现得像是发自内心一样，不可过于张扬，哈哈大笑，欢呼雀跃是不得体的；如果你反对对方的观点，应暂时予以保留，如果可能造成考官对你的错误排斥，应找时机礼貌地予以解释或证明。

注意找出信息的关键部分。

关注中心问题，不要使思维迷乱。

记录下重要的部分。

不要过早做出结论和判断。

倾听只针对信息，而不是针对传递信息的人。

尽量忽视周围环境中让你不舒服的东西。

注意说话者的非语言信息。

不要害怕听到困难而复杂的信息。面试录用的原则是择优，是一种相对水平的比较。对你来说复杂困难的信息对别人来讲可能更为复杂困难，你感觉很难应付，别人可能感觉根本无法应付。面对困难的时候，才是考验你的时候，也才是你崭露头角的时候，一定要保持镇静和自信，尽自己的心力去想办法。

8. 来点儿幽默，让面试官回心转意

我们知道求职者在面试的过程中通常是紧张的，对于求职者来说，想要调节面试的气氛，或者让你内在的才华更轻松完美地体现，善用幽默的重要性就体现出来了。幽默是一种健康而机智的品质，通常人们都喜欢或者更看重富有幽默感的人。

在一个重庆某电视台主持人的招聘面试中，有一位面试官问一位来应聘的女士："三纲五常中的'三纲'指什么？"这名女士想了想从容答道："臣为君纲，子为父纲，妻为夫纲。"她刚好把三者关系颠倒了，引起屋子里其他人的大笑。可她镇定自若，幽默地说："我指的是新'三纲'，我们国家人民当家做主，领导是人民的公仆，当然是'臣为君纲'；计划生育产生了大量的'小皇帝'，这不是'子为父纲'吗？如今，妻子的权利也渐渐升级，'妻管严''模范丈夫'的流行，岂不是'妻为夫纲'吗？"

这位女士机敏幽默的回答，显示了她的口才智慧，显示了她竞争的实力，最终使她顺利通过了面试。

可以说，哪里有幽默，哪里就有活跃的气氛；哪里有幽默，哪里就有笑声和成功的喜悦。为此，在非常严肃、紧张、决定前途的面试的时候，不妨来点幽默，不仅使自己放松，也使考官记住你，可能还会让你在面试中脱颖而出。

在求职面试中面临考官的"步步紧逼"式的提问并不是一件轻松的事情，但这并不意味着幽默不会对你有所帮助。它可以舒缓情绪，让你和你的面试官都放松心情；它可以消除一个尴尬的时刻；并表明你想要与怎样的人共事。但是，请有节制地使用它，如果你的幽默有些过火，那么面试官也不介意将你的名字拉黑。

李强毕业后接到的第一份面试是一个有关表演的职业，面试官除了问些基本的问题之外，还会给求职者一些时间做才艺展示。李强有些意外面试的内容，因为他之前并没有得到提醒，因此他一件拿手的乐器都没有带。

在其他来面试的人当中，李强甚至看到了有人将架子鼓搬到了面试的现场，情急之下，李强只能硬着头皮接受了面试。

当面试官对他说"请你表演一项才艺"时，李强深吸一口气，清唱了一首民谣，虽然没有乐器，但是李强低沉的嗓音还是得到了面试官的青睐。两个人开始就民谣的话题聊了下去，最后，面试官对李强说："你的条件十分符合我们公司，不过我们公司主要是培养影视剧的新人，你刚才的歌唱得确实不错，除了唱歌之外你还有什么才艺吗？"

李强刚想回答自己吉他弹得不错，不过李强转念一想，这是培养演员又不是培养歌手，李强脑中灵光一闪回答说："我可以在一分钟内表演84个人。"

面试官一脸的兴奋："那就请你开始吧。"

李强说："第一个模仿孙中山先生。"说着李强做出了一个躺着的姿势。并解释说："因为孙先生已经过世，我是模仿孙先生躺在棺材里。"

面试官一脸诧异地说："那下一个？"

李强说："接下来是'东北王'张学良。"然后又做出了一个躺着的姿势。李强解释说由于张学良先生也离世了，因此自己也是模仿他躺在棺材里。

此时的面试官脸上已经有些无语了，李强此时问面试官："还有多长时间？"

面试官抬手看了一下手表说："还有大约半分钟。"

李强说："哦，时间不多了啊，那我就在剩下30秒内把剩下82人模仿完。"于是，李强又做出了一个躺着的姿势，然后说："这是刘老庄82烈士。"

面试官听后十分不悦，但碍于职业素养他并没有当场"发飙"，而是在送李强出门后，向上级找了个理由，将李强的简历压了下来。

开玩笑没问题，但如果玩笑开过火那就罪过了！身在职场，要时刻给自己心里拎根弦，能说的、不能说的都得有数。别因为自己看过许多美剧，懂得一些美式幽默而一时口快得罪面试官。

在面试中，求职者开玩笑要讲究分寸，所谓说者无意，听者有心，玩笑过火会影响面试官对你的印象和自身的发展。开玩笑时，要考虑到面试官的性别，更要照顾到面试官的感受。要知道在很严肃的面试中，有些伤人的玩笑话一说出去，是无法收回的，也无法郑重地解释。到那个时候，再后悔就来不及了。

9. 没有工作经验如何打动主考官

如今，"工作经验"几乎已经成为所有单位招聘时的一个硬性条件。在招聘单位看来，没有工作经验就意味着缺乏相应的工作能力，没有工作经验就意味着需要花时间来适应职场，所以，招聘单位出于对公司效益的考虑，通常不会招没有经验的人。因此，对于应届大学生来说，工作经验的欠缺就成为求职中一大阻碍。

没有经验就没有工作，没有工作就没有经验，应届大学毕业生在"经验"与"工作"之间徘徊，求职市场似乎给应届毕业生开了一个天大的玩笑，让他们陷入了"鸡生蛋"还是"蛋生鸡"的两难境地。想要突破这样的困境，就必须解决工作经验欠缺这个短板，让主考官对没有工作经验的自己同样充满兴趣。那么，在没有工作经验的情况下，我们应该用什么打动主考官呢？

首先你要富有激情。假如你对某项工作表现出强烈兴趣，并且有追求优秀的强烈愿望，哪怕没有经验，用人单位也可能优先录用你。当然，你的兴趣应该是出于本心而非做作，你的激情应该是发乎自然而非装样子，如果你充满激情，就可能成为这条能激活大家的"鲶鱼"而被选用。

董丹丹大学学的是计算机。但由于不喜欢跟机器打交道，她在计算机方面的实际动手能力几乎等于零。毕业后，她决心要找一份其他行业的工作。

董丹丹个性开朗，也喜欢跟人打交道，是班里面各种文体活动的积极分子，唱歌、跳舞都会一点。一次，她在招聘会上投简历时，看到有家公司在找市场部人员，主要负责公关事务，没有特别指定专业要求，但是招聘启事上写明要"2年相关经验"，但董丹丹还是决定要去试试。

招聘人员在接到招聘人员的简历后觉得奇怪，为什么学计算机的来应聘公关？于是问她："应聘这个职位，你认为自己的优势在哪里？"

董丹丹想了一下回答说："老实说，我之前没有做过相关的工作，对这个职业也没有深入的了解。但是我对这个工作很有兴趣，我认为自己的个性也很适合。还有，态度最重要，我愿意学，愿意踏踏实实从头学起。只要给我机会，我相信自己会做好。"

最后，招聘人员留下了她的简历，之后打电话通知面试。通过面试后，董丹丹进入了3个月的试用期，并最终成为了公司的正式员工。

很多时候，"没有经验"并不意味着自身在工作能力上欠缺，将"无经验"和工作能力欠缺等同只是招聘单位一厢情愿的看法，只要你能够扭转面试官的这种看法，那你就有可成功的可能。一个人对工作的态度在很大程度上影响这个人的工作成绩，因此，即使你没有工作经验，只要你对工作充满激情，一样可以打动面试官。

如果你所接触的面试官非常固执地认为没有工作经验就是能力弱的表现，那么你可以通过其他方面，比如，你的专业成绩、实践成绩以及实习成绩等，来证明你虽不具有超强的工作能力，但是足够胜任这份工作。

作为一个接受过正规大学教育的人，相信你一定具有良好的综合素质，这些将会帮助你在未来的工作中做出很好的成绩。比如说，你有很强的沟通能力、人际交往能力、外语水平和计算机能力以及良好的品格和深厚的人文素养等等。在面试的时候，你一定要让面试官意识到这一点，让他知道综合素质较高的你，能在工作为公司带来长远的效益。

经验的欠缺可能让你在短时间内无法给公司带来最大的效益，但是正因为你没有被职场熏陶过，所以你还具备很强的可塑性，这可以使你很快适应将来的工作岗位。同时，刚刚从大学里出来的你，具有扎实的专业知识基础，还有着职场老人所不具备的激情，好学、求知欲强，对成功有热切的渴望。这些都使你这个职场新人具有无穷的潜力。用人单位对于这样的"种子选手"往往乐于接收。

10. 点到为止，多说就"杯具"了

面试几乎是所有求职者入职前的最后一关，只要能够通过这一关，心仪已久的职位就可以成为自己的囊中之物了。因此，很多求职者都在面试之前做了最充足的准备，打算在面试的时候，来一场最优秀的表演，打动面试官，一举拿下那份工作。

对于求职者而言，语言是我们在求职面试中与招聘人员沟通情况、交流思想的工具。恰当得体的语言无疑会增强你的竞争力，帮助你获得成功，但反之，不得体的语言会损害你的形象，削弱你的竞争力，甚至导致求职面试的失败。

刘蒙是大四的学生，在校园招聘会上，他发现了自己一直想要去的一家公司在招聘，于是就投递了简历。一直成绩优异的刘蒙凭借着简历中的种种奖励和荣誉获得了这家公司的面试机会，这让很多同学羡慕不已，他自己也非常高兴。为了能够成功地应对面试，从接到面试通知的那一刻开始，他就开始认真地准备。

　　刘蒙在面试中表现得非常有激情，打从一进门开始就让面试官感觉热情扑面而来。当然，面试官可以理解他的这种心情，毕竟一个应届毕业生可以到这样的大型公司来面试是难得的机会。然而，刘蒙接下来的表现却让他们非常不满。因为无论面试官提出什么样的问题，他都准备了一大箩筐的话，滔滔不绝。尤其是在讲到自己的经历的时候，刘蒙更是眉飞色舞，绘声绘色地将他曾经取得的奖励和荣誉用最好的话语描述了出来。面试官不得不三番五次地打断他的话。直到面试结束，面试官想要问的问题也没有问完，只能草草了事。

　　面试官一致认为，刘蒙过于浮躁，又不懂得与人配合，而且狂妄自大，根本就不能胜任工作，所以就没有给他复试通知。

　　有些时候，站在你自己的角度来看，你的表现的确很精彩，但是站在面试官的角度来看就不一样了。不要忘记了，面试是面试官主导的，你的表现必须在面试官的指引下进行，如果你忽略了这一点，那么你的表现再优秀也没有用。当你不顾面试官的感受，陶醉在自我表演中的时候，面试官就在不断地给你减分，直到叫停你的表演为止。

　　对于每一位求职者而言，需要在有限的面试时间里，让面试官充分地了解自己的优点和价值，因此，必须争分夺秒地多说一些、多做一些。然而正是这种心理，导致了求职者在面试中的表现过了头，结果给面试官留下夸夸其谈、狂妄自大的印象。面试不是你一个人的独角戏，而是需要你与面试官配合，当你滔滔不绝地表现自己的时候，是否意识到你的表演根本就不被面试官所接受？所以，在面试中，如果"作秀"过了头，就会痛失到手的机会。

每个人都有表现自己的欲望，尤其是在非常渴望得到面试官认可的面试过程中，表现自己更是无可厚非的。但是一定要懂得不要太过，如果你的表演太过，反而会弄巧成拙，不仅不会得到面试官的认可，还会招来恶感。那么在面试官的眼里，哪些"作秀"属于太过的表现呢？

第一，过分推销，忽略面试官。

一些求职者在面试中只顾推销自己，忽略了面试官的存在，面试官自然不会买账。这就像是一个推销员在向你推销，对你却视若无睹，只是自说自话，你会愿意买他的东西吗？

面试是一个双向交流的过程，而不是单方面的演说，你如果想得到面试官的认可，就必须和面试官进行交流，这样才能得知他的真实想法。如果你不顾面试官的感受，滔滔不绝地进行演讲，那就会显得有一些傲慢、专横、自以为是。

第二，反复强调所取得的成绩。

在面试中强调自己取得的成绩是正常的，因为你需要用这个来证明自己是能够胜任工作的。然而千万不要反反复复地强调这些曾经取得的辉煌，那会让面试官觉得你是一个沉湎于过去的人。不要忘了，你现在正在做的事情是在争取眼前的职位，而不是回忆过去。

如果你总是不断地细致描述你曾经取得的成绩，那么面试官可能会认为你不具备开拓进取的精神。所以，在陈述自己的成绩的时候，应该尽量简洁、明确，只要能够把事情说清楚就行了，千万不要啰里啰唆。如果你觉得那不够分量的话，你还可以就眼前正在申请的职位谈谈自己的看法，这比强调过去的成绩更能吸引面试官的兴趣。